Süße
SCHNITTCHEN

VERLAGSGRUPPE PATMOS

PATMOS
ESCHBACH
GRÜNEWALD
THORBECKE
SCHWABEN

Die Verlagsgruppe
mit Sinn für das Leben

Aus dem Englischen von Renate Christ

MIX
Papier aus verantwortungsvollen Quellen
FSC® C095359
FSC www.fsc.org

Für die Schwabenverlag AG ist Nachhaltigkeit ein wichtiger Maßstab ihres Handelns. Wir achten daher auf den Einsatz umweltschonender Ressourcen und Materialien. Dieses Buch wurde auf FSC®-zertifiziertem Papier gedruckt. FSC (Forest Stewardship Council®) ist eine nicht staatliche, gemeinnützige Organisation, die sich für eine ökologische und sozial verantwortliche Nutzung der Wälder unserer Erde einsetzt.

Fotograf Rob Shaw

Stylist Jennifer Tolhurst

Zubereitung der Gerichte Amal Webster

Umschlaggestaltung: Finken & Bumiller, Stuttgart
Druck: Himmer AG, Augsburg
Hergestellt in Deutschland
ISBN 978-3-7995-0784-4

Süße SCHNITTCHEN

Leckere Kuchen vom Blech

Inhalt

KARAMELL UND BUTTERSCOTCH

Popcorn-Butterscotch-Quadrate

250 g Kokos- oder Butterkekse
125 g gesalzene Butter, zerlassen
395 g gezuckerte Kondensmilch
30 g gesalzene Butter zusätzlich
40 g salziges Popcorn
40 g Kokosraspel, geröstet
185 g Milchschokolade, geschmolzen

1 Ein kleines Blech (20 x 30 cm) ausfetten, den Boden und die Längsseiten mit Backpapier auskleiden, das Papier 5 cm über den Rand stehen lassen.
2 Die Kekse in der Küchenmaschine zu feinen Krümeln verarbeiten. Die zerlassene Butter hinzufügen und mit den Krümeln vermischen. Die Masse in die Form geben und festdrücken. Ca. 30 Minuten lang kalt stellen.
3 In der Zwischenzeit die Kondensmilch mit der zusätzlichen Butter in einem mittelgroßen schweren Topf vermischen. Unter Rühren bei mittlerer Hitze ca. 10 Minuten lang kochen, bis die Masse karamellfarben ist. Vom Herd nehmen und zügig das Popcorn und die Kokosraspel einrühren.
4 Die Karamellmasse schnell mit nassen Händen auf dem Kekskrümelboden verteilen und festdrücken. Mit der geschmolzenen Schokolade bestreichen. Vor dem Schneiden ca. 30 Minuten lang kalt stellen, bis die Schokolade fest ist.

Zubereitungszeit 30 Minuten (+ Kühlzeit)
Menge 24 Stück
Haltbarkeit In einem luftdichten Behälter im Kühlschrank 4 Tage lang

Links Karamellschnitten mit Feigen und Schokolade **Rechts** Fudge-Riegel mit Nugat und dunkler Schokolade

Fudge-Riegel mit Nugat und dunkler Schokolade

360 g dunkle Schokolade, grob gehackt
395 g gezuckerte Kondensmilch
30 g gesalzene Butter
200 g weiches Nugat, grob gehackt

1 Ein kleines Blech (20 x 30 cm) ausfetten, den Boden und die Längsseiten mit Backpapier auskleiden, das Papier 5 cm über den Rand stehen lassen.
2 Die Schokolade, die Kondensmilch und die Butter in einem großen Topf vermischen. Bei milder Hitze unter Rühren so lange erwärmen, bis eine glatte Masse entstanden ist. Vom Herd nehmen und das Nugat unterrühren. Die Masse in die Form gießen und mit einer nassen Palette glatt streichen. Vor dem Schneiden ca. 3 Stunden lang kalt stellen, bis die Masse fest ist.

Zubereitungszeit 15 Minuten (+ Kühlzeit)
Menge 96 Stück
Haltbarkeit In einem luftdichten Behälter im Kühlschrank 1 Woche, in der Tiefkühltruhe 4 Wochen lang

Karamellschnitten mit Feigen und Schokolade

125 g gesalzene Butter
220 g hellbrauner Zucker
135 g getrocknete Feigen, grob gehackt
1 Ei, leicht verquirlt
110 g Mehl
1 TL Backpulver
25 g Kakaopulver

1 Den Backofen auf 180 °C vorheizen. Ein kleines Blech (20 x 30 cm) ausfetten, den Boden und die Längsseiten mit Backpapier auskleiden, das Papier 5 cm über den Rand stehen lassen.
2 Die Butter in einem mittelgroßen Topf bei mittlerer Hitze schmelzen lassen. Den Zucker hinzufügen und so lange rühren, bis er sich aufgelöst hat. Vom Herd nehmen und 5 Minuten lang stehen lassen. Die Feigen unterrühren, anschließend das Ei, das gesiebte Mehl, das Backpulver und das Kakaopulver. Die Masse in die Form drücken.
3 Ca. 15 Minuten lang backen. Vor dem Schneiden in der Form abkühlen lassen.

Zubereitungs- und Backzeit 25 Minuten
Menge 25 Stück
Haltbarkeit In einem luftdichten Behälter 1 Woche lang

Schokoladenschnitten mit gesalzenem Karamell

125 g gesalzene Butter in Stückchen
155 g dunkle Schokolade, grob gehackt
1 Ei
150 g extrafeiner Zucker
145 g Mehl
⅓ TL Backpulver

Gesalzene Karamellfüllung
395 g gezuckerte Kondensmilch
30 g gesalzene Butter
90 g Golden Syrup oder Zuckerrübensirup
2 TL grobes Kochsalz

Schokoladenglasur
185 g dunkle Schokolade, grob gehackt
50 g gesalzene Butter

1 Den Backofen auf 180 °C vorheizen. Ein kleines Blech (20 x 30 cm) ausfetten, den Boden und die Längsseiten mit Backpapier auskleiden, das Papier 5 cm über den Rand stehen lassen.

2 Die Butter und die Schokolade in einem mittelgroßen Topf bei milder Hitze glatt rühren. Abkühlen lassen.

3 Das Ei und den Zucker in einer kleinen Schüssel mit dem elektrischen Handrührgerät schaumig schlagen. Die Schokoladenmischung, das gesiebte Mehl und das Backpulver unterrühren. Die Masse in die Backform füllen und 10 Minuten lang backen. Aus dem Ofen nehmen.

4 In der Zwischenzeit die Karamellfüllung zubereiten (siehe rechts).

5 Die Füllung über den Schokoladenboden gießen und mit einer Palette glatt streichen. 8 Minuten lang backen. 10 Minuten lang abkühlen lassen, anschließend im Kühlschrank kalt werden lassen.

6 Die Schokoladenglasur zubereiten (siehe unten) und über die Karamellschicht streichen. Vor dem Schneiden ca. 2 Stunden lang kalt stellen.

Gesalzene Karamellfüllung Die Zutaten in einem kleinen Topf bei mittlerer Hitze unter Rühren ca. 12 Minuten lang erwärmen, bis die Masse eindickt und karamellfarben wird.

Schokoladenglasur Die Zutaten in einem kleinen Topf bei milder Hitze glatt rühren.

Zubereitungs- und Backzeit 40 Minuten (+ Kühlzeit)

Menge 40 Stück

Tipp Um eine glatte Oberfläche zu erhalten, die Schokoladenglasur mit einer Palette verstreichen und die Form behutsam auf der Arbeitsplatte aufstoßen, bis die Oberfläche glatt wird.

Haltbarkeit In einem luftdichten Behälter im Kühlschrank 2 Wochen lang

Honig-Karamell-Schnitten mit Cashewkernen

375 g geröstete und gesalzene Cashewkerne
50 g Mehl
55 g hellbrauner Zucker
45 g gesalzene Butter, zerlassen
3 Eier
90 g Honig
1 EL Honig zusätzlich, erwärmt

Mürbteig
150 g Mehl
40 g Puderzucker
100 g kalte gesalzene Butter in Stückchen
1 Eigelb
ca. 1 TL eiskaltes Wasser

1 Den Mürbteig zubereiten (siehe rechts).
2 Ein kleines Blech (20 x 30 cm) ausfetten, den Boden und die Längsseiten mit Backpapier auskleiden, das Papier 5 cm über den Rand stehen lassen.
3 Den Teig zwischen 2 Bögen Backpapier so lange ausrollen, bis er groß genug ist, um den Boden des Blechs zu bedecken. Den Teig in die Form legen, überstehenden Teig abschneiden. 30 Minuten lang kalt stellen.
4 Den Backofen auf 180 °C vorheizen.
5 Den Boden ca. 10 Minuten lang backen, bis er leicht gebräunt ist. Abkühlen lassen.
6 Die Backofentemperatur auf 160 °C reduzieren.
7 Die Cashewkerne, das Mehl, den Zucker, die Butter, die Eier und den Honig in einer mittelgroßen Schüssel vermischen. Die Masse über den Mürbteigboden gießen. Ca. 40 Minuten lang backen, anschließend abkühlen lassen. Vor dem Schneiden mit dem zusätzlichen erwärmten Honig bestreichen.

Mürbteig Das Mehl, den Puderzucker und die Butter zu Krümeln verarbeiten. Das Eigelb und so viel von dem Wasser hinzufügen, dass sich die Zutaten zu einem Teig verbinden. Den Teig auf einer bemehlten Arbeitsfläche glatt kneten.

Zubereitungs- und Backzeit
1 Stunde (+ Kühlzeit)
Menge 30 Stück
Haltbarkeit In einem luftdichten Behälter 3 Tage lang

Klassische Schokoladen-Karamell-Schnitten

150 g Mehl
110 g hellbrauner Zucker
40 g Kokosraspel
125 g gesalzene Butter, zerlassen
60 g gesalzene Butter zusätzlich
395 g gezuckerte Kondensmilch
2 EL Golden Syrup oder Zuckerrübensirup
185 g dunkle Schokolade, grob gehackt
2 TL Pflanzenöl

1 Den Backofen auf 180 °C vorheizen. Ein kleines Blech (20 x 30 cm) ausfetten, den Boden und die Längsseiten mit Backpapier auskleiden, das Papier 5 cm über den Rand stehen lassen.
2 Das gesiebte Mehl, den Zucker und die Kokosraspel in einer mittelgroßen Schüssel vermischen. Die zerlassene Butter unterrühren. Diese Mischung fest in die Backform drücken und ca. 15 Minuten lang backen. Abkühlen lassen.
3 Die zusätzliche Butter, die Kondensmilch und den Sirup in einem mittelgroßen Topf vermischen. Bei milder Hitze glatt rühren. Diese Mischung in die Backform über den Boden gießen. Ca. 15 Minuten lang backen, bis die Oberseite goldbraun ist. Abkühlen lassen.
4 Die Schokolade und das Öl im warmen Wasserbad glatt rühren. Die Schokolade über die Karamellschicht streichen. Ca. 30 Minuten lang kalt stellen, bis die Schokolade fest ist. Anschließend mit einem heißen Messer in Schnitten schneiden.

Zubereitungs- und Backzeit 55 Minuten (+ Kühlzeit)
Menge 48 Stück
Haltbarkeit In einem luftdichten Behälter 1 Woche lang

Toffee-Apfel-Schnitten

110 g Kartoffelmehl
120 g braunes Reismehl
1 TL Natron
220 g hellbrauner Zucker
3 mittelgroße Äpfel (450 g), geschält, entkernt und grob gerieben
3 Eier
180 ml Pflanzenöl

Walnusskrokant
165 g extrafeiner Zucker
55 g Walnüsse, fein gehackt und geröstet

Apfelglasur
320 g Puderzucker
ca. 60 ml Apfelsaft

1 Den Backofen auf 180 °C vorheizen. Eine rechteckige Backform (24 x 32 cm) ausfetten, den Boden und die Längsseiten mit Backpapier auskleiden, das Papier 5 cm über den Rand stehen lassen.
2 Die trockenen Zutaten in eine große Schüssel sieben. Die Äpfel, die Eier und das Öl unterrühren. Die Masse in die Backform gießen und ca. 30 Minuten lang backen. Zunächst 10 Minuten lang in der Form stehen lassen, anschließend zum Abkühlen mit der Oberseite nach oben auf ein Kuchengitter setzen.
3 In der Zwischenzeit den Walnusskrokant zubereiten (siehe unten).
4 Die Apfelglasur zubereiten (siehe rechts). Den Kuchen mit der Glasur bestreichen und mit dem Krokant bestreuen. Anschließend in Schnitten schneiden.

Walnusskrokant Den Zucker und 2 EL Wasser in einem kleinen Topf vermischen und den Zucker bei milder Hitze unter Rühren auflösen. Zum Kochen bringen und offen, ohne zu rühren, ca. 10 Minuten lang kochen lassen, bis das Toffee karamellfarben ist. Vom Herd nehmen und warten, bis die Bläschen weniger werden. Die Nüsse auf ein mit Backpapier ausgelegtes Backblech legen und mit dem Toffee übergießen. Bei Zimmertemperatur fest werden lassen. Den Krokant fein hacken.

Apfelglasur Den Puderzucker in eine Schüssel sieben. So viel Saft unterrühren, dass eine dicke Paste entsteht. Die Glasur im warmen Wasserbad unter Rühren so lange erwärmen, bis sie streichfähig ist.

Zubereitungs- und Backzeit
1 Stunde (+ Ruhezeit)
Menge 30 Stück
Anmerkung Während des Backens bilden sich bei diesem Rezept unterschiedliche Schichten.
Haltbarkeit Die Schnitten werden am besten am Tag ihrer Zubereitung verzehrt.

Kokosmakronen-Karamell-Schnitten

90 g weiche Butter
110 g extrafeiner Zucker
1 Ei
150 g Mehl
½ TL Backpulver

Kokos-Karamell-Belag

3 Eier, leicht verquirlt
60 ml Milch
60 g Butter, zerlassen und abgekühlt
1 TL Kokosessenz
275 g hellbrauner Zucker
150 g Kokosraspel

1 Den Backofen auf 160 °C vorheizen. Ein kleines Blech (20 x 30 cm) ausfetten, den Boden und die Längsseiten mit Backpapier auskleiden, das Papier 5 cm über den Rand stehen lassen.

2 Die Butter, den Zucker und das Ei in einer kleinen Schüssel mit dem elektrischen Handrührgerät schaumig schlagen. Das gesiebte Mehl und das Backpulver unterrühren. Die Masse in die Backform streichen und 20 Minuten lang kalt stellen.

3 In der Zwischenzeit den Kokos-Karamell-Belag zubereiten (siehe rechts).

4 Den Belag über den Teig gießen. Ca. 45 Minuten lang backen. Vor dem Schneiden in der Backform erkalten lassen.

Kokos-Karamell-Belag Alle Zutaten in einer mittelgroßen Schüssel vermischen.

Zubereitungs- und Backzeit
1 Stunde (+ Kühlzeit)
Menge 30 Stück
Haltbarkeit In einem luftdichten Behälter 4 Tage lang. Zum Zerschneiden ein Sägemesser verwenden.

Millionärs-Shortbread

- 125 g weiche Butter
- 110 g extrafeiner Zucker
- 1 Eigelb
- 200 g Mehl
- ½ TL Backpulver
- 395 g gezuckerte Kondensmilch
- 30 g Butter zusätzlich
- 2 EL Golden Syrup oder Zuckerrübensirup
- 140 g geröstete gesalzene Erdnüsse
- 200 g Milchschokolade, grob gehackt
- 2 TL Pflanzenöl

1 Den Backofen auf 160 °C vorheizen. Ein kleines Blech (20 x 30 cm) ausfetten, den Boden und die Längsseiten mit Backpapier auskleiden, das Papier 5 cm über den Rand stehen lassen.

2 Die Butter, den Zucker und das Eigelb in einer kleinen Schüssel mit dem elektrischen Handrührgerät schaumig schlagen. Das gesiebte Mehl und das Backpulver unterrühren. Die Masse in die Backform füllen und gleichmäßig auf dem Boden der Form festdrücken. 15 Minuten lang backen.

3 In der Zwischenzeit die Kondensmilch, die zusätzliche Butter und den Sirup in einem kleinen Topf bei mittlerer Hitze unter Rühren ca. 15 Minuten lang erhitzen, bis die Mischung goldbraun wird. Das Karamell über die Teigschicht gießen und zügig mit einer Palette glatt streichen. Die Nüsse mit der Palette ins Karamell drücken. 10 Minuten lang backen. Abkühlen lassen.

4 Die Schokolade mit dem Öl in einem kleinen Topf bei milder Hitze unter Rühren schmelzen lassen, anschließend über das Karamell gießen. Vor dem Schneiden 2 Stunden lang kalt stellen, bis die Schokolade fest ist.

Zubereitungs- und Backzeit
50 Minuten (+ Kühlzeit)
Menge 40 Stück
Haltbarkeit In einem luftdichten Behälter 3 Tage lang

Honig-Nuss-Quadrate

125 g weiche Butter
110 g extrafeiner Zucker
1 Eigelb
200 g Mehl
½ TL Backpulver
240 g Honig
75 g hellbrauner Zucker
90 g Butter in Stückchen
2 EL Sahne
120 g Pekannüsse
80 g Mandelkerne
70 g geröstete Haselnüsse

1 Den Backofen auf 160 °C vorheizen. Ein kleines Blech (20 x 30 cm) ausfetten, den Boden und die Längsseiten mit Backpapier auskleiden, das Papier 5 cm über den Rand stehen lassen.
2 Die weiche Butter, den weißen Zucker und das Eigelb in einer kleinen Schüssel mit dem elektrischen Handrührgerät schaumig schlagen. Das gesiebte Mehl und das Backpulver unterrühren. Die Masse in die Backform füllen und gleichmäßig auf dem Boden der Form festdrücken. 15 Minuten lang backen.
3 Den Honig, den hellbraunen Zucker und die Butterstückchen in einem mittelgroßen Topf bei milder Hitze unter Rühren so lange erwärmen, bis sich der Zucker aufgelöst hat. Zum Kochen bringen und offen, ohne zu rühren, 2 Minuten lang kochen lassen. Die Sahne hinzufügen und unter Rühren eine Minute lang kochen lassen. Vom Herd nehmen. Die Nüsse hinzufügen und gut mit dem Karamell vermischen. Die Nussmischung über die Teigschicht gießen und zügig mit einer Palette gleichmäßig verteilen.
4 Ca. 15 Minuten lang backen. Vor dem Schneiden 2 Stunden lang in der Form kalt stellen.

Zubereitungs- und Backzeit 50 Minuten (+ Kühlzeit)
Menge 35 Stück
Haltbarkeit In einem luftdichten Behälter 4 Tage lang

Klebrige Dattelschnitten

185 g entsteinte getrocknete Datteln, grob gehackt
½ TL Natron
60 g weiche gesalzene Butter
165 g hellbrauner Zucker
2 Eier
150 g Mehl
1 ½ TL Backpulver
Karamellsahne
110 g hellbrauner Zucker
20 g gesalzene Butter
1 EL Golden Syrup oder Zuckerrübensirup
250 ml Sahne

1 Den Backofen auf 180 °C vorheizen. Eine rechteckige Backform (24 x 32 cm) ausfetten, den Boden und die Längsseiten mit Backpapier auskleiden, das Papier 5 cm über den Rand stehen lassen.
2 Die Datteln mit 330 ml Wasser in einem mittelgroßen Topf zum Kochen bringen. Von der Kochstelle nehmen, das Natron unterrühren und 5 Minuten lang stehen lassen.
3 In der Zwischenzeit die Butter und den Zucker in einer mittelgroßen Schüssel mit dem elektrischen Handrührgerät schaumig schlagen. Die Eier einzeln unterschlagen. Das gesiebte Mehl mit dem Backpulver unterrühren, anschließend die eingeweichten Datteln. Die Masse in die Backform füllen und ca. 20 Minuten lang backen. In der Form abkühlen lassen.
4 Die Karamellsahne zubereiten (siehe rechts).
5 Die Teigplatte in Quadrate schneiden und auf jedes Quadrat einen Klecks Karamellsahne geben. Nach Belieben mit Schokoladenspänen bestreuen.

Karamellsahne Den Zucker und 2 EL Wasser in einen kleinen Topf geben und bei milder Hitze unter Rühren den Zucker auflösen. Zum Kochen bringen und offen 4 Minuten lang kochen lassen. Von der Kochstelle nehmen, die Butter und den Sirup unterrühren. In eine kleine Schüssel umfüllen und 60 ml der Sahne hinzufügen. Mit dem elektrischen Handrührgerät so lange schlagen, bis die Masse leicht eindickt. Abkühlen lassen. Die restliche Sahne in einer kleinen Schüssel mit dem elektrischen Handrührgerät halb steif schlagen. Die Karamellmischung hinzufügen und steif schlagen. Bis zum Gebrauch kalt stellen.

Zubereitungs- und Backzeit
40 Minuten (+ Kühlzeit)
Menge 12 Stück
Haltbarkeit In einem luftdichten Behälter im Kühlschrank 3 Tage lang

Flocken und Körner

Rhabarber-Streusel-Quadrate

90 g weiche gesalzene Butter
220 g extrafeiner Zucker
1 Ei
135 g Mehl
⅓ TL Backpulver
6 Rhabarberstangen (375 g), geputzt und grob zerkleinert

Streusel

180 g Haferflocken
110 g hellbrauner Zucker
100 g gesalzene Butter, zerlassen

1 Den Backofen auf 180 °C vorheizen. Ein kleines Blech (20 x 30 cm) ausfetten, den Boden und die Längsseiten mit Backpapier auskleiden, das Papier 5 cm über den Rand stehen lassen.
2 Die Butter, die Hälfte des Zuckers und das Ei in einer kleinen Schüssel mit dem elektrischen Handrührgerät schaumig schlagen. Das gesiebte Mehl und das Backpulver unterrühren. Die Masse in die Backform füllen und 15 Minuten lang backen.
3 In der Zwischenzeit den Rhabarber, den restlichen Zucker und 2 EL Wasser in einem mittelgroßen Topf vermischen. Zugedeckt ca. 7 Minuten lang kochen lassen, bis der Rhabarber weich wird. Den Rhabarber abgießen, den Sirup zur anderweitigen Verwendung aufbewahren.
4 Die Streusel zubereiten (siehe rechts).
5 Die Backofentemperatur auf 200 °C erhöhen. Die Teigplatte aus dem Ofen nehmen, mit dem Rhabarber belegen, mit den Streuseln bestreuen und ca. 15 Minuten lang backen. Vor dem Schneiden in der Form abkühlen lassen.

Streusel Alle Zutaten in einer mittelgroßen Schüssel vermischen.

Zubereitungs- und Backzeit 45 Minuten
Menge 24 Stück
Tipp Mit dem Sirup können Sie ein erfrischendes Getränk zubereiten. Fügen Sie einfach Wasser oder Limonade hinzu sowie ein paar Eiswürfel und ein paar zerdrückte Himbeeren.
Haltbarkeit In einem luftdichten Behälter 3 Tage lang

Karotten-Haferflocken-Walnuss-Schnitten

125 g gesalzene Butter, zerlassen
220 g hellbrauner Zucker
1 Ei
135 g Haferflocken
75 g Walnüsse, grob gehackt
1 mittelgroße Karotte (120 g), fein gerieben
145 g Mehl
⅓ TL Backpulver

Zitronenglasur
160 g Puderzucker
1 Eiweiß
1 EL Zitronensaft

1 Den Backofen auf 180 °C vorheizen. Ein kleines Blech (20 x 30 cm) ausfetten, den Boden und die Längsseiten mit Backpapier auskleiden, das Papier 5 cm über den Rand stehen lassen.
2 Die Butter, den Zucker, das Ei, die Haferflocken, die Nüsse und die Karotte in einer mittelgroßen Schüssel vermischen. Das gesiebte Mehl mit dem Backpulver unterrühren. Die Masse in die Backform füllen und ca. 30 Minuten lang backen.
3 In der Zwischenzeit die Zitronenglasur zubereiten (siehe rechts).
4 Die Glasur über den heißen Kuchen träufeln und weitere 5 Minuten lang backen, bis sich eine Kruste bildet. Vor dem Schneiden in der Form abkühlen lassen.

Zitronenglasur Den Puderzucker in eine kleine Schüssel sieben, mit dem Eiweiß und dem Zitronensaft glatt rühren.

Zubereitungs- und Backzeit 45 Minuten
Menge 24 Stück
Haltbarkeit In einem luftdichten Behälter 4 Tage lang

Müslischnitten mit getrockneten Äpfeln und Cranberrys

220 g ungeröstetes natürliches Müsli
150 g Mehl
1 ½ TL Backpulver
30 g getrocknete Äpfel, grob gehackt
65 g getrocknete Cranberrys
110 g extrafeiner Zucker
155 g gesalzene Butter in Stückchen
90 g Honig
2 Eier, leicht verquirlt

Rosa Glasur
80 g Puderzucker
1 EL heißes Wasser
¼ TL Pflanzenöl
rosa Speisefarbe

1 Den Backofen auf 180 °C vorheizen. Ein kleines Blech (20 x 30 cm) ausfetten, den Boden und die Längsseiten mit Backpapier auskleiden, das Papier 5 cm über den Rand stehen lassen.
2 Das Müsli, das gesiebte Mehl, das Backpulver, die Trockenfrüchte und den Zucker in einer großen Schüssel vermischen.
3 Die Butter und den Honig in einen kleinen Topf geben und bei milder Hitze glatt rühren. Die Buttermischung und die Eier unter die Müslimischung rühren. Die Masse in die Backform füllen und ca. 25 Minuten lang backen. In der Form abkühlen lassen.
4 In der Zwischenzeit die Glasur zubereiten (siehe rechts). Vor dem Schneiden die Glasur über den Kuchen träufeln.

Rosa Glasur Den gesiebten Puderzucker, das Wasser und das Öl in einer kleinen Schüssel vermischen. Die Glasur rosa färben.

Zubereitungs- und Backzeit 40 Minuten
Menge 24 Stück
Haltbarkeit In einem luftdichten Behälter 1 Woche lang

Oben und unten Schoko-Kokos-Knusper **Mitte** Früchte-Knister-Schnitten

Früchte-Knister-Schnitten

140 g entsteinte getrocknete Datteln
75 g extrafeiner Zucker
90 g gesalzene Butter in Stückchen
½ TL Lebkuchengewürz
140 g Rice Krispies
40 g Kokosraspel

1 Ein kleines Blech (20 x 30 cm) ausfetten, den Boden und die Längsseiten mit Backpapier auskleiden, das Papier 5 cm über den Rand stehen lassen.
2 Die Datteln, den Zucker und die Butter in einen kleinen Topf mit schwerem Boden geben. Bei milder Hitze unter Rühren ca. 15 Minuten lang erwärmen, bis die Datteln weich und fleischig werden. Von der Kochstelle nehmen, das Gewürz unterrühren.
3 Die Rice Krispies und die warme Dattelmischung in einer großen Schüssel vermischen. Die Masse in die Backform geben und festdrücken. Die Kokosraspel darüberstreuen und festdrücken. Ca. 1 Stunde lang kalt stellen, bis die Masse fest ist. 10 Minuten vor dem Schneiden aus dem Kühlschrank nehmen.

Zubereitungszeit 35 Minuten (+ Kühlzeit)
Menge 35 Stück
Haltbarkeit In einem luftdichten Behälter 1 Woche lang

Schoko-Kokos-Knusper

125 g Butter in Stückchen
110 g dunkelbrauner Zucker
80 ml heller Maissirup
270 g Choco Krispies
80 g Kokosraspel
75 g dunkle Schokolade, geschmolzen

1 Ein kleines Blech (20 x 30 cm) ausfetten, den Boden und die Längsseiten mit Backpapier auskleiden, das Papier 5 cm über den Rand stehen lassen.
2 Die Butter, den Zucker und den Maissirup in einen mittelgroßen Topf geben und bei milder Hitze unter Rühren so lange erwärmen, bis sich der Zucker aufgelöst hat.
3 Die Choco Krispies und die Kokosraspel in einer großen Schüssel vermischen. Die Buttermischung unterrühren. Die Masse in die Backform geben und festdrücken, mit der geschmolzenen Schokolade beträufeln. Ca. 1 Stunde lang kalt stellen, bis die Masse fest ist. 10 Minuten vor dem Schneiden aus dem Kühlschrank nehmen.

Zubereitungszeit 25 Minuten (+ Kühlzeit)
Menge 36 Stück
Haltbarkeit In einem luftdichten Behälter 1 Woche lang

Kirschquadrate mit Kokosglasur

125 g gesalzene Butter in Stückchen
55 g extrafeiner Zucker
60 ml heller Maissirup
320 g Cornflakes
40 g Kokosraspel, geröstet
100 g kandierte Kirschen, halbiert

Kokosglasur

240 g Puderzucker
80 g Kokosraspel
1 Eiweiß
ca. 2 EL kochendes Wasser
rosa Speisefarbe

1 Ein kleines Blech (20 x 30 cm) ausfetten, den Boden und die Längsseiten mit Backpapier auskleiden, das Papier 5 cm über den Rand stehen lassen.
2 Die Butter, den Zucker und den Sirup in einen kleinen Topf geben und bei milder Hitze unter Rühren so lange erwärmen, bis sich der Zucker aufgelöst hat. Einmal aufkochen lassen, anschließend die Hitze wieder reduzieren und die Mischung offen und ohne zu rühren 5 Minuten lang köcheln lassen.
3 In der Zwischenzeit die Cornflakes in einer großen Schüssel mit den Händen grob zerkleinern, bis sich ihr Volumen um ca. die Hälfte reduziert hat. Die Kokosraspel und die Kirschhälften unterrühren.
4 Die Buttermischung unter die Cornflakesmischung rühren. Die Masse in die Backform geben und festdrücken. Zugedeckt 30 Minuten lang kalt stellen, bis die Masse fest ist.
5 Die Kokosglasur zubereiten (siehe unten).
6 Die Glasur über die Masse streichen. Nach dem Festwerden in Quadrate schneiden.

Kokosglasur Den Puderzucker in eine mittelgroße Schüssel sieben. Die Kokosraspel und das Eiweiß unterrühren. So viel Wasser hinzufügen, dass die Glasur streichfähig wird. Die Glasur rosa färben.

Zubereitungszeit 35 Minuten (+ Kühlzeit)
Menge 35 Stück
Haltbarkeit In einem luftdichten Behälter im Kühlschrank 1 Woche lang

Honig-Walnuss-Haferflocken-Quadrate

150 g Mehl
1 ½ TL Backpulver
220 g extrafeiner Zucker
90 g Haferflocken
80 g Kokosraspel
70 g Walnüsse, grob gehackt
2 Eier, leicht verquirlt
125 g Butter, zerlassen und abgekühlt
1 EL cremiger Honig
55 g Walnüsse zusätzlich, geröstet und grob gehackt

Honigglasur

160 g Puderzucker
45 g Butter, zerlassen
1 TL cremiger Honig
ca. 1 EL heißes Wasser

1 Den Backofen auf 160 °C vorheizen. Eine rechteckige Backform (24 x 32 cm) ausfetten, den Boden und die Längsseiten mit Backpapier auskleiden, das Papier 5 cm über den Rand stehen lassen.
2 Das gesiebte Mehl, das Backpulver, den Zucker, die Haferflocken, die Kokosraspel und die Nüsse in einer großen Schüssel vermischen. Die Eier, die Butter und den Honig unterrühren. Die Masse in die Backform geben und festdrücken. Ca. 25 Minuten lang backen. In der Form abkühlen lassen.
3 In der Zwischenzeit die Honigglasur zubereiten (siehe rechts).
4 Den Kuchen mit der Honigglasur beträufeln und mit den gerösteten Walnüssen bestreuen. Die Glasur bei Zimmertemperatur trocknen lassen. Anschließend den Kuchen in Quadrate schneiden.

Honigglasur Den Puderzucker in eine kleine Schüssel sieben. Mit der Butter, dem Honig und so viel heißem Wasser vermischen, dass eine flüssige Glasur entsteht.

Zubereitungs- und Backzeit 40 Minuten
Menge 30 Stück
Haltbarkeit In einem luftdichten Behälter 1 Woche lang

Tropische Müslischnitten

125 g Butter in Stückchen
75 g hellbrauner Zucker
2 EL Honig
135 g Haferflocken
75 g Mehl
¾ TL Backpulver
225 g getrocknete tropische Früchte, fein gehackt
25 g Kokosraspel

1 Den Backofen auf 160 °C vorheizen. Ein kleines Blech (20 x 30 cm) ausfetten, den Boden und die Längsseiten mit Backpapier auskleiden, das Papier 5 cm über den Rand stehen lassen.

2 Die Butter, den Zucker und den Honig in einen mittelgroßen Topf geben und bei milder Hitze unter Rühren so lange erwärmen, bis sich der Zucker aufgelöst hat. Die übrigen Zutaten unterrühren. Die Masse in die Backform füllen und festdrücken. Ca. 40 Minuten lang backen.

3 Vor dem Schneiden in der Form abkühlen lassen.

Zubereitungs- und Backzeit 55 Minuten
Menge 21 Stück
Anmerkung Wir haben für dieses Rezept getrocknete Ananas, Papaya und Mango verwendet.
Haltbarkeit In einem luftdichten Behälter 1 Woche lang

Schokoladenquadrate

- 155 g dunkle Schokolade, grob gehackt
- 125 g Butter in Stückchen
- 70 g Choco Krispies
- 105 g Mandelstifte
- 80 g Sultaninen
- 100 g kandierte Kirschen, grob gehackt
- 25 g Kakaopulver
- 55 g Puderzucker
- 1 Ei, leicht verquirlt
- 2 TL Kakaopulver zusätzlich

1 Ein kleines Blech (20 x 30 cm) ausfetten, den Boden und die Längsseiten mit Backpapier auskleiden, das Papier 5 cm über den Rand stehen lassen.

2 Die Schokolade und die Butter in einem großen Topf bei milder Hitze unter Rühren schmelzen lassen. 5 Minuten lang abkühlen lassen.

3 Die Choco Krispies, die Mandeln, die Früchte, das gesiebte Kakaopulver, den gesiebten Puderzucker und das Ei unter die Schokolade rühren.

4 Die Masse in die Backform füllen. 3 Stunden lang kalt stellen, bis die Masse fest ist. Vor dem Schneiden mit gesiebtem Kakaopulver bestäuben.

Zubereitungszeit 15 Minuten (+ Kühlzeit)
Menge 20 Stück
Haltbarkeit In einem luftdichten Behälter im Kühlschrank 1 Woche lang

Schnitten mit goldbrauner Glasur

125 g Butter in Stückchen
220 g hellbrauner Zucker
2 EL Golden Syrup oder Zuckerrübensirup
½ TL Natron
40 g Kokosraspel
90 g Haferflocken
150 g Mehl

Goldbraune Glasur
320 g Puderzucker
1 EL Golden Syrup oder Zuckerrübensirup
20 g Butter
ca. 2 EL heißes Wasser

1 Den Backofen auf 120 °C vorheizen. Eine rechteckige Backform (24 x 32 cm) ausfetten, den Boden und die Längsseiten mit Backpapier auskleiden, das Papier 5 cm über den Rand stehen lassen.
2 Die Butter, den Zucker und den Sirup in einen mittelgroßen Topf geben und bei milder Hitze unter Rühren so lange erwärmen, bis sich der Zucker aufgelöst hat. Von der Kochstelle nehmen. Das in 60 ml Wasser aufgelöste Natron unterrühren. Die Kokosraspel, die Haferflocken und das gesiebte Mehl unterrühren. Die Masse in die Backform geben und ca. 45 Minuten lang backen. 15 Minuten lang in der Form ruhen lassen, dann zum Abkühlen auf ein Kuchengitter setzen.
3 In der Zwischenzeit die goldbraune Glasur zubereiten (siehe rechts).
4 Die Schnitten mit der Glasur bestreichen. Vor dem Schneiden bei Zimmertemperatur fest werden lassen.

Goldbraune Glasur Den Puderzucker in eine mittelgroße hitzebeständige Schüssel sieben. Den Sirup, die Butter und so viel Wasser hinzufügen, dass eine dicke Paste entsteht. Die Glasur im warmen Wasserbad so lange rühren, bis sie streichfähig ist.

Zubereitungs- und Backzeit
1 Stunde (+ Ruhezeit)
Menge 40 Stück
Tipp Wenn die Schnitten eine fudgeartige Konsistenz besitzen sollen, reduzieren Sie einfach die Backzeit um 5–10 Minuten.
Haltbarkeit In einem luftdichten Behälter 1 Woche lang

Hinten Marshmallow-Riegel mit weißer Schokolade
Vorne Knusprige Cornflakes-Honig-Quadrate

Marshmallow-Riegel mit weisser Schokolade

250 g rosa und weiße Marshmallows, halbiert
185 g weiße Schokolade, grob gehackt
175 g Rice Krispies

1 Ein kleines Blech (20 x 30 cm) ausfetten, den Boden und die Längsseiten mit Backpapier auskleiden, das Papier 5 cm über den Rand stehen lassen.
2 Die Marshmallows und die Schokolade in einem mittelgroßen Topf bei milder Hitze unter Rühren schmelzen lassen.
3 Die Rice Krispies in eine große Schüssel geben. Mit der Marshmallowmischung übergießen und zügig verrühren. Die Masse in die Backform geben und festdrücken. Die Oberfläche mit nassen Händen glätten.
4 Vor dem Schneiden 3 Stunden lang kalt stellen

Zubereitungszeit 15 Minuten (+ Kühlzeit)
Menge 27 Stück
Haltbarkeit In einem luftdichten Behälter im Kühlschrank 1 Woche lang

Knusprige Cornflakes-Honig-Quadrate

125 g gesalzene Butter in Stückchen
55 g extrafeiner Zucker
115 g Honig
200 g Cornflakes
75 g Mehl

1 Den Backofen auf 170 °C vorheizen. Ein kleines Blech (20 x 30 cm) ausfetten, den Boden und die Längsseiten mit Backpapier auskleiden, das Papier 5 cm über den Rand stehen lassen.
2 Die Butter, den Zucker und den Honig in einem kleinen Topf vermischen. Bei milder Hitze glatt rühren.
3 160 g Cornflakes in einer großen Schüssel leicht zerdrücken. Das gesiebte Mehl und die Buttermischung unterrühren. Die Masse in die Backform füllen, die Oberfläche glatt streichen. Mit den restlichen Cornflakes bestreuen.
4 Ca. 15 Minuten lang backen. Vor dem Schneiden 10 Minuten lang in der Form abkühlen lassen.

Zubereitungs- und Backzeit 30 Minuten
Menge 20 Stück
Haltbarkeit In einem luftdichten Behälter 1 Woche lang

Schokoladenquadrate mit Biss

155 g Milchschokolade, grob gehackt
125 g gesalzene Butter in Stückchen
110 g hellbrauner Zucker
1 Ei, leicht verquirlt
225 g Mehl
2 TL Backpulver
4 Stück Weetabix (70 g), fein zerkrümelt

Schokoladenglasur
240 g Puderzucker
2 EL Kakaopulver
ca. 2 EL heißes Wasser

1 Den Backofen auf 180 °C vorheizen. Ein kleines Blech (20 x 30 cm) ausfetten, den Boden und die Längsseiten mit Backpapier auskleiden, das Papier 5 cm über den Rand stehen lassen.
2 Die Schokolade und die Butter in einem kleinen Topf bei milder Hitze unter Rühren schmelzen lassen. In eine große Schüssel umfüllen und 10 Minuten lang abkühlen lassen.
3 Den Zucker, das Ei, das gesiebte Mehl, das Backpulver und die zerkrümelten Weetabix unterrühren. Die Masse in die Backform füllen und glatt streichen. Ca. 10 Minuten lang backen, in der Form abkühlen lassen.
4 Die Schokoladenglasur zubereiten (siehe rechts).
5 Die Glasur über den Kuchen streichen und bei Zimmertemperatur fest werden lassen. Anschließend den Kuchen in Quadrate schneiden.

Schokoladenglasur Den Puderzucker und das Kakaopulver in eine kleine Schüssel sieben. So viel heißes Wasser hinzufügen, dass eine streichfähige Glasur entsteht.

Zubereitungs- und Backzeit 30 Minuten (+ Ruhezeit)
Menge 20 Stück
Haltbarkeit In einem luftdichten Behälter 4 Tage lang

Schokolade und Kaffee

Mokkaschnitten

50 g Rosinen
60 ml heißer starker Kaffee
400 g dunkle Schokolade, grob gehackt
155 g gesalzene Butter in Stückchen
1 Ei
55 g extrafeiner Zucker
185 g Shortbread oder Butterkekse, grob zerkleinert
140 g ungesalzene Macadamianüsse, geröstet und grob gehackt

1 Die Rosinen in einer kleinen Schüssel mit dem Kaffee vermischen und 1 Stunde lang ziehen lassen.
2 Ein kleines Blech (20 x 30 cm) ausfetten, den Boden und die Längsseiten mit Backpapier auskleiden, das Papier 5 cm über den Rand stehen lassen.
3 Die Schokolade und die Butter im warmen Wasserbad unter Rühren schmelzen lassen.
4 Das Ei und den Zucker in einer kleinen Schüssel mit dem elektrischen Handrührgerät so lange schlagen, bis die Masse dick ist und sich das Volumen verdoppelt hat. Unter die Schokoladenmischung rühren. Die eingeweichten Rosinen und die übrigen Zutaten unter die Eimasse heben.
5 Die Masse in die Backform streichen und mit Frischhaltefolie abdecken. Die Oberfläche mit einer Palette oder den Händen glätten. Vor dem Schneiden 3 Stunden lang oder über Nacht kalt stellen.

Zubereitungszeit 20 Minuten (+ Einweich- und Kühlzeit)
Menge 40 Stück
Haltbarkeit In einem luftdichten Behälter im Kühlschrank 1 Woche lang. Gekühlt servieren.

Kokosschnitten mit Ananas und weisser Schokolade

250 g weiße Schokolade, grob gehackt
90 g gesalzene Butter in Stückchen
440 g Ananas in Stückchen aus der Dose, mit natürlichem Saft
110 g extrafeiner Zucker
2 Eier
300 g Mehl
¾ TL Backpulver
65 g Kokosraspel
240 g Puderzucker

1 Den Backofen auf 160 °C vorheizen. Eine rechteckige Backform (24 x 32 cm) ausfetten, den Boden und die Längsseiten mit Backpapier auskleiden, das Papier 5 cm über den Rand stehen lassen.

2 Die Schokolade und die Butter in einem mittelgroßen Topf bei milder Hitze unter Rühren schmelzen lassen. 10 Minuten lang abkühlen lassen.

3 In der Zwischenzeit die Ananas gut abtropfen lassen. Den Saft auffangen und 2 EL davon beiseite stellen.

4 Den Zucker, die Eier, das gesiebte Mehl, das Backpulver, 40 g Kokosraspel und die abgetropfte Ananas unter die Schokoladenmischung rühren. Die Masse in die Backform streichen und ca. 35 Minuten lang backen. Vor dem Glasieren in der Form erkalten lassen.

5 In der Zwischenzeit den Puderzucker in eine mittelgroße hitzebeständige Schüssel sieben und mit dem zurückbehaltenen Ananassaft verrühren. Die Glasur im warmen Wasserbad so lange unter Rühren erwärmen, bis sie streichfähig ist.

6 Die Teigplatte mit der Glasur bestreichen und mit den restlichen Kokosraspel bestreuen. Vor dem Schneiden die Glasur bei Zimmertemperatur fest werden lassen.

Zubereitungs- und Backzeit
55 Minuten (+ Ruhezeit)
Menge 35 Stück
Tipp Die Schokolade darf nicht zu stark erhitzt oder umgerührt werden, sonst gerinnt sie.
Haltbarkeit In einem luftdichten Behälter 1 Woche lang

Doppel-Schokoladenbrownies mit Himbeeren

- 275 g dunkle Schokolade, grob gehackt
- 155 g gesalzene Butter in Stückchen
- 330 g extrafeiner Zucker
- 3 Eier, leicht verquirlt
- 225 g Mehl
- 155 g gefrorene Himbeeren
- 155 g weiße Schokolade, grob gehackt

1 Den Backofen auf 180 °C vorheizen. Ein kleines Blech (20 x 30 cm) ausfetten, den Boden und die Längsseiten mit Backpapier auskleiden, das Papier 5 cm über den Rand stehen lassen.

2 Die dunkle Schokolade und die Butter im warmen Wasserbad unter Rühren schmelzen lassen. Den Zucker unterrühren. Von der Kochstelle nehmen. Zunächst die Eier, dann das gesiebte Mehl, die Himbeeren und die weiße Schokolade unterrühren.

3 Die Masse in die Backform füllen und ca. 25 Minuten lang backen. Vor dem Schneiden erkalten lassen.

Zubereitungs- und Backzeit 40 Minuten
Menge 40 Stück
Tipp Die Himbeeren am besten in gefrorenem Zustand verwenden.
Haltbarkeit In einem luftdichten Behälter 1 Woche lang

Haselnuss-Schokoladen-Quadrate

185 g weiche gesalzene Butter
220 g extrafeiner Zucker
4 Eier
200 g gemahlene Haselnüsse
35 g Mehl
300 g Milchschokolade, grob gehackt
2 TL Pflanzenöl

1 Den Backofen auf 180 °C vorheizen. Eine rechteckige Backform (24 x 32 cm) ausfetten, den Boden und die Längsseiten mit Backpapier auskleiden, das Papier 5 cm über den Rand stehen lassen.
2 Die Butter und den Zucker in einer mittelgroßen Schüssel mit dem elektrischen Handrührgerät schaumig schlagen. Die Eier einzeln unterschlagen. Die gemahlenen Haselnüsse und das gesiebte Mehl unterrühren. Die Masse in die Backform füllen und ca. 20 Minuten lang backen. 15 Minuten lang in der Form ruhen lassen.
3 In der Zwischenzeit die Schokolade mit dem Öl im warmen Wasserbad unter Rühren schmelzen lassen. Die Schokolade auf dem Kuchen verteilen. Vor dem Schneiden im Kühlschrank fest werden lassen.

Zubereitungs- und Backzeit 40 Minuten (+ Ruhe- und Kühlzeit)
Menge 48 Stück
Tipp Für eine glatte Oberfläche die Schokoladenglasur mit einer Palette verstreichen und die Form behutsam auf der Arbeitsplatte aufstoßen, bis die Oberfläche glatt wird.
Haltbarkeit In einem luftdichten Behälter 1 Woche lang

Schoko-Orangen-Fudge

Die Verwendung eines Zuckerthermometers sorgt für ein perfektes Ergebnis.

575 g dunkle Schokolade, grob gehackt
2 TL fein geriebene Orangenschale
660 g extrafeiner Zucker
220 g hellbrauner Zucker
115 g Glukosesirup
250 ml Sahne
125 ml Milch
90 g gesalzene Butter
45 g weiße Schokolade
orangefarbene Speisefarbe

1 Ein kleines Blech (20 x 30 cm) ausfetten, den Boden und die Längsseiten mit Backpapier auskleiden, das Papier 5 cm über den Rand stehen lassen.
2 185 g dunkle Schokolade schmelzen lassen und die Hälfte der Orangenschale unterrühren. Die Schokolade auf dem Boden der Backform verteilen und im Kühlschrank fest werden lassen.
3 In der Zwischenzeit den weißen und den hellbraunen Zucker, den Sirup, die Sahne, die Milch und weitere 200 g der dunklen Schokolade in einem mittelgroßen Topf unter Rühren so lange erwärmen, bis sich der Zucker aufgelöst hat. Zum Kochen bringen und ohne zu rühren ca. 10 Minuten lang kochen lassen, bis das Zuckerthermometer 116 °C anzeigt. Von der Kochstelle nehmen, das Thermometer in der Masse lassen. Die Butter hinzufügen, nicht umrühren.
4 Das Fudge ca. 1 ½ Stunden lang abkühlen lassen, bis seine Temperatur auf 40 °C gesunken ist. Das Thermometer entfernen. Das Fudge ca. 10 Minuten lang mit einem Holzlöffel umrühren, bis ein Tropfen, den man vom Löffel tropfen lässt, seine Form behält. Das Fudge über die Schokoladenschicht in der Backform streichen und die Oberfläche glätten. Mit Alufolie abdecken und ca. 2 Stunden lang bei Zimmertemperatur stehen lassen, bis das Fudge fest ist.
5 Die restliche Schokolade schmelzen lassen, die übrige Orangenschale unterrühren. Die weiße Schokolade schmelzen lassen und orange färben. Die dunkle Schokolade zügig über das Fudge streichen und mit der orangefarbenen Schokolade beträufeln. Einen Spieß durch die Schokolade ziehen, sodass ein dekoratives Muster entsteht. Vor dem Schneiden die Schokolade bei Zimmertemperatur fest werden lassen.

Zubereitungszeit 55 Minuten (+ Kühl-, Abkühl- und Ruhezeit)
Menge 60 Stück
Tipp Glukosesirup ist auch als flüssige Glukose bekannt und in den meisten Supermärkten und Feinkostgeschäften erhältlich.
Haltbarkeit In einem luftdichten Behälter 1 Woche lang. Das Fudge schmeckt am besten zimmerwarm.

Schoko-Malz-Schnitten

250 g einfache Schokoladenkekse
280 g Malzkugeln mit Schokoüberzug
100 g Butter in Stückchen
125 ml gezuckerte Kondensmilch
400 g Milchschokolade, grob gehackt
1 EL Pflanzenöl

1 Ein kleines Blech (20 x 30 cm) ausfetten, den Boden und die Längsseiten mit Backpapier auskleiden, das Papier 5 cm über den Rand stehen lassen.
2 200 g Kekse in der Küchenmaschine zu feinen Krümeln verarbeiten, die restlichen Kekse grob zerkleinern.
3 40 Malzkugeln beiseite legen. 1 Tasse Malzkugeln grob hacken, eventuell übrige Kugeln für anderweitige Zwecke aufbewahren.
4 Die Butter mit der gezuckerten Kondensmilch in einem kleinen Topf bei milder Hitze glatt rühren.
5 Die zerkrümelten und die zerkleinerten Kekse mit den gehackten Schoko-Malz-Kugeln in einer mittelgroßen Schüssel vermischen. Die Buttermischung unterrühren. Die Masse in die Backform füllen und festdrücken. 30 Minuten lang kalt stellen.
6 Die Schokolade mit dem Öl im warmen Wasserbad unter Rühren schmelzen lassen. Die Keksschicht mit der Schokolade bestreichen und mit den zurückbehaltenen Malzkugeln belegen. Vor dem Schneiden ca. 1 Stunde lang kalt stellen, bis die Schokolade fest ist.

Zubereitungszeit 20 Minuten (+ Kühlzeit)
Menge 40 Stück
Tipp Verwenden Sie für dieses Rezept einfache Kekse ohne Füllung oder Glasur.
Haltbarkeit In einem luftdichten Behälter im Kühlschrank 4 Tage lang

Schoko-Himbeer-Schnitten

6 Eier
150 g extrafeiner Zucker
50 g Speisestärke (Maisstärke)
125 g Mehl
½ TL Backpulver
250 ml Sahne
160 g Himbeerkonfitüre
80 g Kokosraspel

Schokoladenglasur
720 g Puderzucker
50 g Kakaopulver
15 g zerlassene gesalzene Butter
ca. 125 ml Milch

1 Den Backofen auf 180 °C vorheizen. Zwei rechteckige Backformen (24 x 32 cm) ausfetten, die Böden und die Längsseiten mit Backpapier auskleiden, das Papier 5 cm über den Rand stehen lassen.
2 Für den Biskuit die Eier in einer mittelgroßen Schüssel mit dem elektrischen Handrührgerät ca. 10 Minuten lang schlagen, bis sie dick und cremig sind. Nach und nach den Zucker hinzufügen und so lange schlagen, bis er sich aufgelöst hat. Die Speisestärke und das Mehl mit dem Backpulver dreimal sieben und unterheben.
3 Den Teig auf die beiden Backformen aufteilen. Ca. 15 Minuten lang backen. Die Böden sofort auf mit Backpapier bedeckte Kuchengitter stürzen und erkalten lassen.
4 Die Sahne in einer kleinen Schüssel mit dem elektrischen Handrührgerät steif schlagen.
5 Einen Biskuit zuerst mit Konfitüre, dann mit der Schlagsahne bestreichen. Dabei einen 1 cm breiten Rand freilassen. Den zweiten Biskuit auf die Sahne legen und den gesamten Kuchen auf ein Kuchengitter setzen.
6 Die Schokoladenglasur zubereiten (siehe rechts)und den Kuchen rundherum damit bestreichen. Die Oberfläche und die Seiten mit den Kokosraspel bestreuen. Vor dem Schneiden im Kühlschrank fest werden lassen.

Schokoladenglasur Den Puderzucker und das Kakaopulver in eine mittelgroße hitzebeständige Schüssel sieben. Die Butter und so viel Milch unterrühren, dass eine dicke Paste entsteht. Die Glasur im heißen Wasserbad unter Rühren so lange erwärmen, bis sie streichfähig ist.

Zubereitungs- und Backzeit 45 Minuten (+ Kühlzeit)
Menge 30 Stück
Tipp Wenn man auf dem Biskuit einen 1 cm breiten Rand ohne Sahne lässt, dann ist es einfacher, die Seiten des Kuchens zu glasieren. Das Gewicht der zweiten Biskuitschicht wird die Sahne weit genug Richtung Rand drücken.
Haltbarkeit In einem luftdichten Behälter im Kühlschrank 3 Tage lang

Die besten Fudge-Brownies aller Zeiten

185 g Butter in Stückchen
300 g dunkle Schokolade, grob gehackt
25 g Kakaopulver
165 g extrafeiner Zucker
220 g hellbrauner Zucker
2 TL Vanilleextrakt
4 Eier
225 g Mehl
2 TL Kakaopulver zusätzlich

1 Den Backofen auf 170 °C vorheizen. Ein kleines Blech (20 x 30 cm) ausfetten, den Boden und die Längsseiten mit Backpapier auskleiden, das Papier 5 cm über den Rand stehen lassen.
2 Die Butter und die Schokolade in einem mittelgroßen Topf bei milder Hitze unter Rühren schmelzen lassen. Von der Kochstelle nehmen, das gesiebte Kakaopulver, den weißen und den hellbraunen Zucker und den Extrakt hinzufügen und zu einer glatten Masse verrühren.
3 Die Eier und das gesiebte Mehl unter die Schokoladenmischung rühren. Die Masse in die Backform füllen und gleichmäßig verteilen.
4 Ca. 40 Minuten lang backen. In der Form erkalten lassen. Vor dem Schneiden mit gesiebtem Kakaopulver bestäuben.

Zubereitungs- und Backzeit
1 Stunde
Menge 96 Stück
Tipp Die Masse sollte gerade noch warm sein, wenn die Eier und das Mehl hinzugefügt werden. Führen Sie die Garprobe mit einem Bambusspieß durch: Er sollte sich feucht anfühlen, wenn die Brownies fudgeartig sein sollen. Wenn nicht, backen Sie die Brownies weitere 5 Minuten.
Haltbarkeit In einem luftdichten Behälter im Kühlschrank 1 Woche lang. Die Brownies schmecken am besten zimmerwarm.

Kaffee-Pekannuss-Schnitten

125 g weiche gesalzene Butter
55 g extrafeiner Zucker
185 g Mehl
⅓ TL Backpulver
280 g geröstete Pekannüsse

Kaffeebelag

2 TL Instantkaffeepulver
3 TL kochendes Wasser
2 Eier
175 g Golden Syrup oder Zuckerrübensirup
75 g hellbrauner Zucker
60 g gesalzene Butter, zerlassen
2 EL Mehl

1 Den Backofen auf 200 °C vorheizen. Ein kleines Blech (20 x 30 cm) ausfetten, den Boden und die Längsseiten mit Backpapier auskleiden, das Papier 5 cm über den Rand stehen lassen.

2 Die Butter und den Zucker in einer kleinen Schüssel mit dem elektrischen Handrührgerät schaumig schlagen. Das gesiebte Mehl mit dem Backpulver in zwei Portionen unterrühren. Den Teig auf dem Boden der Backform festdrücken. 10 Minuten lang backen, dann 10 Minuten lang abkühlen lassen. Die Backofentemperatur auf 180 °C reduzieren.

3 In der Zwischenzeit den Kaffeebelag zubereiten (siehe rechts).

4 Den Belag über den Kuchenboden gießen und mit einer Schicht Nüssen belegen. 25 Minuten lang backen, bis der Belag fest ist. Vor dem Schneiden in der Form erkalten lassen.

Kaffeebelag Das Kaffeepulver in einer mittelgroßen hitzebeständigen Schüssel in dem kochenden Wasser auflösen. Die Eier, den Sirup, den Zucker, die Butter und das Mehl hinzufügen und alles miteinander verrühren.

Zubereitungs- und Backzeit 1 Stunde
Menge 24 Stück
Haltbarkeit In einem luftdichten Behälter 1 Woche lang

Vanillecreme und Käsekuchen

Schokoladenkäsekuchen-Quadrate mit Kardamom

250 g einfache Schokoladenkekse
125 g gesalzene Butter, zerlassen
3 TL Gelatinepulver
1 Ei
500 g zimmerwarmer Frischkäse
110 g extrafeiner Zucker
430 ml Sahne
100 g dunkle Schokolade, geschmolzen
¼ TL gemahlener Kardamom

1 Ein kleines Blech (20 x 30 cm) ausfetten, den Boden und die Längsseiten mit Backpapier auskleiden, das Papier 5 cm über den Rand stehen lassen.
2 Die Kekse in der Küchenmaschine zu feinen Krümeln verarbeiten, die Butter unterrühren. Die Masse in die Backform füllen und festdrücken. 30 Minuten lang kalt stellen.
3 In der Zwischenzeit das Gelatinepulver mit 60 ml Wasser verrühren und im warmen Wasserbad unter Rühren auflösen. 5 Minuten lang abkühlen lassen.
4 Das Ei, den Frischkäse und den Zucker in einer mittelgroßen Schüssel mit dem elektrischen Handrührgerät glatt rühren. Die Sahne unterschlagen, bis eine glatte und leicht eingedickte Masse entstanden ist. Die Gelatine unterrühren.
5 Die Frischkäsemasse auf 2 Schüsseln verteilen. Die erkaltete Schokolade mit einer Hälfte der Masse verrühren und diese in die Form füllen. Ca. 15 Minuten ins Tiefkühlfach stellen, bis die Masse anfängt, fest zu werden. Aus dem Kühlschrank nehmen und die Oberfläche mit einer Gabel aufrauen.
6 Den Kardamom unter die zweite Hälfte der Frischkäsemasse mischen und diese ebenfalls in die Form füllen. Vor dem Schneiden über Nacht kalt stellen bzw. so lange, bis die Frischkäsemasse fest ist.

Zubereitungszeit 40 Minuten (+ Kühl- und Gefrierzeit)
Menge 72 Stück
Tipp Verwenden Sie für dieses Rezept einfache Kekse ohne Füllung oder Glasur.
Haltbarkeit In einem luftdichten Behälter im Kühlschrank 1 Woche lang

Kaffeeschnitten mit Schokoladenglasur

750 ml Milch
65 g geröstete Kaffeebohnen
8 Eigelb
165 g extrafeiner Zucker
75 g Speisestärke (Maisstärke)
75 g gesalzene Butter in Stückchen
3 Scheiben Blätterteig

Schokoladenglasur

155 g dunkle Schokolade, grob gehackt
30 g gesalzene Butter

1 Ein kleines Blech (20 x 30 cm) ausfetten, den Boden und die Längsseiten mit Backpapier auskleiden, das Papier 5 cm über den Rand stehen lassen.
2 Die Milch und die Kaffeebohnen in einem mittelgroßen Topf zum Kochen bringen, von der Kochstelle nehmen und 45 Minuten lang ziehen lassen.
3 Die Eigelbe, den Zucker und die Speisestärke in einer großen Schüssel miteinander verquirlen. Die Kaffeemilch noch einmal aufkochen lassen und unter die Eimasse schlagen. In den Milchtopf abseihen, die Kaffeebohnen entsorgen.
4 Die Kaffeecreme bei starker Hitze unter Rühren so lange erwärmen, bis sie kocht und eindickt. Von der Kochstelle nehmen und die Butter unterschlagen. Die Oberfläche der Creme mit Frischhaltefolie bedecken und im Kühlschrank fest werden lassen.
5 In der Zwischenzeit den Backofen auf 240 °C vorheizen.
6 Die Blätterteigscheiben auf separate gefettete Backbleche legen. Ca. 10 Minuten lang backen, bis der Teig aufgegangen und leicht gebräunt ist. Abkühlen lassen. Den Teig mit der Hand flachdrücken. 1 ½ Teigstücke abschneiden und damit den Boden der Backform auslegen. Den Teig mit der aufgegangenen Seite nach oben in die Form legen.
7 Die Kaffeecreme auf dem Blätterteig in der Form verteilen. Den übrigen Blätterteig zurechtschneiden und mit der aufgegangenen Seite nach unten auf die Creme legen. Behutsam festdrücken.
8 Die Schokoladenglasur zubereiten (siehe unten) und auf den Blätterteig streichen. Vor dem Schneiden im Kühlschrank fest werden lassen.

Schokoladenglasur Die Zutaten in einem kleinen Topf vermischen und bei milder Hitze unter Rühren schmelzen lassen.

Zubereitungs- und Backzeit
50 Minuten (+ Zieh- und Kühlzeit)
Menge 12 Stück
Tipp Die Kaffeecreme können Sie einen Tag im Voraus zubereiten. Schlagen Sie sie vor der Verwendung noch einmal mit dem elektrischen Handrührgerät auf.
Haltbarkeit Bewahren Sie die Schnitten im Kühlschrank auf. Am besten schmecken sie am Tag ihrer Zubereitung.

Blaubeer-Maracuja-Käsekuchen-Quadrate

250 g einfache süße Kekse
100 g gesalzene Butter, zerlassen
500 g zimmerwarmer Frischkäse
165 g extrafeiner Zucker
2 TL fein geriebene Limettenschale
2 Eier
120 g saure Sahne
2 EL Limettensaft
150 g gefrorene Blaubeeren
60 ml Maracujafruchtfleisch

1 Den Backofen auf 150 °C vorheizen. Ein kleines Blech (20 x 30 cm) ausfetten, den Boden und die Längsseiten mit Backpapier auskleiden, das Papier 5 cm über den Rand stehen lassen.
2 Die Kekse in der Küchenmaschine zu feinen Krümeln verarbeiten. Die Butter untermischen. Die Keksmasse auf dem Boden der Backform festdrücken. 30 Minuten lang kalt stellen.
3 Den Frischkäse, den Zucker und die Limettenschale in einer mittelgroßen Schüssel mit dem elektrischen Handrührgerät glatt rühren. Die Eier einzeln unterschlagen, anschließend die saure Sahne und den Limettensaft.
4 Die Käsemasse in die Backform füllen. Mit den Blaubeeren bestreuen und mit dem Maracujafruchtfleisch beträufeln. Ca. 35 Minuten lang backen, bis die Masse fest ist. Im Backofen bei leicht geöffneter Tür abkühlen lassen. 3 Stunden lang oder über Nacht in den Kühlschrank stellen, zum Servieren in Quadrate schneiden.

Zubereitungs- und Backzeit 50 Minuten (+ Kühl- und Abkühlzeit)
Menge 15 Stück
Tipp Das verwendete Maracujafruchtfleisch kann frisch sein oder aus der Dose.
Haltbarkeit In einem luftdichten Behälter im Kühlschrank 2 Tage lang

Ingwer-Limetten-Schnitten

165 g Mehl
½ TL Backpulver
½ TL Natron
1 TL gemahlener Ingwer
1 TL Lebkuchengewürz
55 g hellbrauner Zucker
65 g gesalzene Butter in Stückchen
175 g Golden Syrup oder Zuckerrübensirup
1 Ei, leicht verquirlt
125 ml Milch

Limettenfüllung
1 TL Gelatinepulver
2 EL Limettensaft
250 g zimmerwarmer Frischkäse
55 g extrafeiner Zucker
2 TL fein geriebene Limettenschale
250 ml Sahne

1 Den Backofen auf 180 °C vorheizen. Zwei rechteckige Backformen (24 x 32 cm) ausfetten, die Böden und die Längsseiten mit Backpapier auskleiden, das Papier 5 cm über den Rand stehen lassen.

2 Für den Ingwerkuchen das Mehl, das Backpulver, das Natron und die Gewürze in eine große Schüssel sieben. Den hellbraunen Zucker unterrühren. Die Butter und den Sirup in einen kleinen Topf geben und bei milder Hitze unter Rühren so lange erwärmen, bis die Butter geschmolzen ist. Die Buttermischung zusammen mit dem Ei und der Milch mit dem Mehl verrühren. Die Masse auf die beiden Backformen verteilen und 10 Minuten lang backen. In den Formen abkühlen lassen.

3 In der Zwischenzeit die Limettenfüllung zubereiten (siehe rechts).

4 Die Füllung über einen der Ingwerkuchen in der Backform gießen und mit dem zweiten Kuchenboden belegen. Vor dem Schneiden 3 Stunden lang oder über Nacht im Kühlschrank fest werden lassen.

Limettenfüllung Das Gelatinepulver mit dem Limettensaft verrühren und im warmen Wasserbad unter Rühren so lange erwärmen, bis sich die Gelatine aufgelöst hat. 5 Minuten lang abkühlen lassen. Den Frischkäse, den Zucker und die Limettenschale in einer mittelgroßen Schüssel mit dem elektrischen Handrührgerät glatt rühren. Die Sahne unterschlagen, die Gelatine unterrühren.

Zubereitungs- und Backzeit
40 Minuten (+ Kühlzeit)
Menge 32 Stück
Haltbarkeit In einem luftdichten Behälter im Kühlschrank 1 Woche lang

Erdbeerschnitten mit Vanillecreme

- 160 ml Milch
- 125 ml Sahne
- 1 Vanilleschote
- 4 Eigelb
- 55 g extrafeiner Zucker
- 2 EL Speisestärke (Maisstärke)
- 185 g Mehl
- 40 g Puderzucker
- 125 g Butter in Stückchen
- ca. 2 TL eiskaltes Wasser
- 250 g Erdbeeren, in dünne Scheiben geschnitten
- 2 EL Himbeerkonfitüre, erwärmt und passiert

1 Ein kleines Blech (20 x 30 cm) ausfetten, den Boden und die Längsseiten mit Backpapier auskleiden, das Papier 5 cm über den Rand stehen lassen.
2 Die Milch in einem mittelgroßen Topf mit der Sahne vermischen. Die Vanilleschote aufschlitzen, das Mark herauskratzen und zur Sahnemilch geben, die Schote ebenfalls hinzufügen. Die Sahnemischung zum Kochen bringen. In einer kleinen Schüssel 3 Eigelb, den Zucker und die Speisestärke miteinander verquirlen. Die Vanilleschote aus der Sahnemischung nehmen, die heiße Sahnemischung nach und nach unter die Eimasse schlagen. Wieder zurück in den Topf füllen. Unter Rühren so lange erhitzen, bis die Vanillecreme kocht und eindickt. Abkühlen lassen.
3 In der Zwischenzeit das Mehl, den Puderzucker und die Butterstückchen zu Krümeln verarbeiten. Das restliche Eigelb und so viel Wasser hinzufügen, dass sich die Zutaten miteinander verbinden. Auf einer bemehlten Arbeitsfläche zu einem glatten Teig kneten. Den Teig auf dem Boden der Backform festdrücken und mit einer Gabel mehrmals einstechen. Mit Frischhaltefolie bedecken und 30 Minuten lang kalt stellen.
4 Den Backofen auf 200 °C vorheizen.
5 Den Teig ca. 15 Minuten lang backen, bis er leicht gebräunt ist. Abkühlen lassen.
6 Den Kuchenboden mit der Vanillecreme bestreichen und mit den Erdbeerscheiben belegen. Mit der Konfitüre bestreichen. Vor dem Schneiden 1 Stunde lang kalt stellen.

Zubereitungs- und Backzeit
40 Minuten (+ Kühlzeit)
Menge 15 Stück
Haltbarkeit Die Schnitten schmecken am besten innerhalb von 24 Stunden nach ihrer Zubereitung.

Eiscremeschnitten mit Schokokeksen

1,5 l Vanilleeis, etwas weich
65 g fein gehackte ungesalzene Pistazien, geröstet
150 g Schokokekse, fein gehackt
125 g weiche Butter
55 g extrafeiner Zucker
55 g hellbrauner Zucker
½ TL Vanilleextrakt
1 Ei
220 g Mehl
1 TL Backpulver
25 g Kakaopulver

1 Ein kleines Blech (20 x 30 cm) mit 4 Lagen Frischhaltefolie auskleiden, die Folie 10 cm über den Rand hängen lassen.
2 Die Eiscreme in eine große Schüssel geben, die Pistazien und die Schokokekse untermischen. Schnell das Eis in die Backform füllen, festdrücken und die Oberfläche glätten. Die Frischhaltefolie über das Eis klappen und 3 Stunden lang oder über Nacht ins Tiefkühlfach stellen.
3 Den Backofen auf 170 °C vorheizen. Das Eis aus der Form nehmen, aber in der Folie belassen. Auf ein Tablett legen und wieder ins Tiefkühlfach stellen.
4 Zwei kleine Bleche (20 x 30 cm) ausfetten, die Böden und die Längsseiten mit Backpapier auskleiden, das Papier 5 cm über den Rand stehen lassen.
5 Für den Plätzchenteig die Butter, den weißen und den hellbraunen Zucker und den Vanilleextrakt in einer kleinen Schüssel mit dem elektrischen Handrührgerät schaumig schlagen. Das Ei unterschlagen. In eine große Schüssel umfüllen, das gesiebte Mehl, das Back- und das Kakaopulver unterrühren.
6 Den Teig halbieren und in die Backformen drücken. Ca. 10 Minuten lang backen. 20 Minuten lang in der Form stehen lassen, anschließend mit der Oberseite nach oben auf Kuchengitter legen und abkühlen lassen.
7 Eine Teigplatte auf ein Brett legen, die Eiscreme daraufgeben und mit der zweiten Teigplatte belegen. In Quadrate schneiden und sofort servieren.

Zubereitungs- und Backzeit 1 Stunde (+ Ruhe- und Gefrierzeit)
Menge 15 Stück
Anmerkung Wenn Sie die Schnitten nicht sofort servieren, bewahren Sie sie im Tiefkühlfach auf. Vor dem Schneiden ca. 5 Minuten lang bei Zimmertemperatur stehen lassen.

Marmorierter Käsekuchen mit Himbeeren und weisser Schokolade

250 g einfache süße Kekse
155 g gesalzene Butter, zerlassen
3 TL Gelatinepulver
2 EL kochendes Wasser
375 g zimmerwarmer Frischkäse
2 EL extrafeiner Zucker
250 ml Sahne
1 TL Vanilleextrakt
200 g weiße Schokolade, geschmolzen und abgekühlt

Himbeerguss

225 g Tiefkühlhimbeeren, aufgetaut
1 EL Puderzucker
1 TL Gelatinepulver
1 EL kochendes Wasser

1 Ein kleines Blech (20 x 30 cm) ausfetten, den Boden und die Längsseiten mit Backpapier auskleiden, das Papier 5 cm über den Rand stehen lassen.

2 Die Kekse in der Küchenmaschine zu feinen Krümeln verarbeiten. Die Butter hinzufügen und unterrühren. Die Mischung in die Backform füllen und festdrücken. 30 Minuten lang kalt stellen.

3 Das Gelatinepulver mit dem Wasser verrühren und im warmen Wasserbad so lange rühren, bis sich die Gelatine aufgelöst hat. 5 Minuten lang abkühlen lassen.

4 Den Himbeerguss zubereiten (siehe rechts).

5 Den Frischkäse und den Zucker in einer mittelgroßen Schüssel mit dem elektrischen Handrührgerät glatt rühren. Die Sahne, den Vanilleextrakt und die geschmolzene Schokolade unterschlagen. Die Gelatine ebenfalls unterrühren. Die Masse in die Backform füllen.

6 Den Himbeerguss über der Frischkäseschicht verteilen und mit einem Spieß marmorieren. Vor dem Schneiden 3 Stunden lang oder über Nacht kalt stellen.

Himbeerguss Die Himbeeren glatt pürieren. Durch ein Sieb in eine kleine Schüssel streichen, die Kerne entsorgen. Den gesiebten Puderzucker unter das Püree rühren. Das Gelatinepulver mit dem Wasser verrühren und im warmen Wasserbad so lange rühren, bis sich die Gelatine aufgelöst hat. 5 Minuten lang abkühlen lassen. Diese Mischung mit dem Himbeerpüree verrühren.

Zubereitungszeit 30 Minuten (+ Kühlzeit)
Menge 16 Stück
Haltbarkeit In einem luftdichten Behälter im Kühlschrank 4 Tage lang

Hinten Karamell-Käsekuchen-Schnitten **Vorne** Kokos-Limetten-Quadrate

Karamell-Käsekuchen-Schnitten

200 g einfache süße Kekse
60 g geröstete Pekannüsse
100 g Butter, zerlassen
380 g Karamell aus der Dose (z. B. „Top'n'Fill")
Käsekuchenfüllung
500 g zimmerwarmer Frischkäse
2 TL Vanilleextrakt
110 g extrafeiner Zucker
2 Eier
250 ml Sahne

1 Ein kleines Blech (20 x 30 cm) ausfetten, den Boden und die Längsseiten mit Backpapier auskleiden, das Papier 5 cm über den Rand stehen lassen.
2 Die Kekse und die Nüsse in der Küchenmaschine fein mahlen. Die Butter hinzufügen und unterrühren. Die Mischung gleichmäßig in der Backform verteilen und festdrücken. 30 Minuten lang kalt stellen.
3 Den Backofen auf 140 °C vorheizen.
4 Die Käsekuchenfüllung zubereiten (siehe unten).
5 Das Karamell auf den Kekskrümelboden streichen, die Käsekuchenfüllung auf der Karamellschicht verteilen. Ca. 45 Minuten lang backen. Den Käsekuchen im Backofen bei leicht geöffneter Tür abkühlen lassen. Vor dem Schneiden 3 Stunden lang oder über Nacht kalt stellen.
Käsekuchenfüllung Den Frischkäse, den Vanilleextrakt, den Zucker und die Eier in einer mittelgroßen Schüssel mit dem elektrischen Handrührgerät glatt rühren. Nach und nach die Sahne unterschlagen.

Zubereitungs- und Backzeit 1 Stunde (+ Kühl- und Abkühlzeit)
Menge 48 Stück
Haltbarkeit In einem luftdichten Behälter im Kühlschrank 2 Tage lang

Kokos-Limetten-Quadrate

250 g einfache süße Kekse
20 g Kokosraspel
125 g Butter, zerlassen
4 Eier
220 g extrafeiner Zucker
50 g Mehl
1 EL fein geriebene Limettenschale
160 ml Limettensaft
25 g Kokosraspel zusätzlich

1 Ein kleines Blech (20 x 30 cm) ausfetten, den Boden und die Längsseiten mit Backpapier auskleiden, das Papier 5 cm über den Rand stehen lassen.
2 Die Kekse mit den Kokosraspel in der Küchenmaschine zu feinen Krümeln verarbeiten. Die Butter hinzufügen und unterrühren. Die Mischung gleichmäßig in der Backform verteilen und festdrücken. 30 Minuten lang kalt stellen.
3 Den Backofen auf 160 °C vorheizen.
4 Die Eier und den Zucker in einer mittelgroßen Schüssel miteinander verquirlen. Das gesiebte Mehl, die Limettenschale und den Saft unterschlagen. Die Masse in die Backform füllen und ca. 20 Minuten lang backen. Mit den zusätzlichen Kokosraspel bestreuen und diese behutsam festdrücken. Abkühlen lassen. Vor dem Schneiden 3 Stunden lang oder über Nacht kalt stellen.

Zubereitungs- und Backzeit 35 Minuten (+ Kühl- und Abkühlzeit)
Menge 48 Stück
Haltbarkeit In einem luftdichten Behälter im Kühlschrank 2 Tage lang

Zitronen-Käsekuchen-Quadrate

250 g Kokos- oder Butterkekse
40 g gehobelte Mandeln
125 g gesalzene Butter, zerlassen
250 g zimmerwarmer Frischkäse
3 TL fein geriebene Zitronenschale
395 g gezuckerte Kondensmilch
80 ml Zitronensaft

1 Ein kleines Blech (20 x 30 cm) ausfetten, den Boden und die Längsseiten mit Backpapier auskleiden, das Papier 5 cm über den Rand stehen lassen.
2 Die Kekse und die Mandelblättchen in der Küchenmaschine fein mahlen. Die Butter hinzufügen und unterrühren. Die Mischung gleichmäßig in der Backform verteilen und festdrücken. 30 Minuten lang kalt stellen.
3 Den Frischkäse und die Zitronenschale in einer mittelgroßen Schüssel mit dem elektrischen Handrührgerät glatt rühren. Die Kondensmilch und den Zitronensaft hinzufügen und unterrühren. Die Frischkäsemasse in die Backform füllen. Vor dem Schneiden über Nacht kalt stellen.

Zubereitungszeit 20 Minuten (+ Kühlzeit)
Menge 24 Stück
Haltbarkeit In einem luftdichten Behälter im Kühlschrank 4 Tage lang

Honig-Gewürz-Schnitten

250 g Ingwerkekse
100 g gesalzene Butter, zerlassen
500 g zimmerwarmer Frischkäse
55 g extrafeiner Zucker
90 g Honig
1 TL Vanilleextrakt
2 TL Lebkuchengewürz
125 ml Sahne
2 Eier, getrennt
2 TL Zimtzucker

1 Ein kleines Blech (20 x 30 cm) ausfetten, den Boden und die Längsseiten mit Backpapier auskleiden, das Papier 5 cm über den Rand stehen lassen.
2 Die Kekse in der Küchenmaschine zu feinen Krümeln verarbeiten. Die Butter hinzufügen und unterrühren. Die Mischung gleichmäßig in der Backform verteilen und festdrücken. 30 Minuten lang kalt stellen.
3 Den Backofen auf 160 °C vorheizen.
4 Den Frischkäse, den Zucker, den Honig, den Vanilleextrakt und das Gewürz in einer mittelgroßen Schüssel mit dem elektrischen Handrührgerät glatt rühren. Die Sahne und die Eigelbe unterrühren.
5 Die Eiweiße in einer kleinen Schüssel mit dem elektrischen Handrührgerät halb steif schlagen. Unter die Frischkäsemasse heben.
6 Die Frischkäsemasse in die Backform füllen und ca. 30 Minuten lang backen. Im Backofen bei leicht geöffneter Tür erkalten lassen. 3 Stunden lang oder über Nacht kalt stellen. Mit Zimtzucker bestreuen.

Zubereitungs- und Backzeit 1 Stunde (+ Kühl- und Abkühlzeit)
Menge 20 Stück
Haltbarkeit In einem luftdichten Behälter im Kühlschrank 4 Tage lang

Hinten Zitronen-Käsekuchen-Quadrate
Vorne Honig-Gewürz-Schnitten

Tiramisu-Käsekuchen-Quadrate

2 Eier
75 g extrafeiner Zucker
75 g Mehl
2 TL Instantkaffeepulver
1 EL kochendes Wasser
2 EL Marsala
2 TL Kakaopulver

Frischkäsefüllung

2 TL Gelatinepulver
1 EL kochendes Wasser
125 g zimmerwarmer Frischkäse
40 g Puderzucker
250 ml Sahne
2 EL Marsala
250 g Mascarpone

1 Den Backofen auf 200 °C vorheizen. Ein kleines Blech (20 x 30 cm) ausfetten, den Boden und die Längsseiten mit Backpapier auskleiden, das Papier 5 cm über den Rand stehen lassen.

2 Für den Biskuitteig die Eier und den Zucker in einer kleinen Schüssel mit dem elektrischen Handrührgerät so lange schlagen, bis eine dicke Masse entstanden ist und sich der Zucker aufgelöst hat. Das dreimal gesiebte Mehl unterheben. Die Masse in die Backform füllen und ca. 12 Minuten lang backen. In der Form erkalten lassen.

3 Das Kaffeepulver, das Wasser und den Marsala in einer kleinen Schüssel miteinander vermischen und über den Biskuitboden streichen.

4 Die Frischkäsefüllung zubereiten (siehe rechts).

5 Die Frischkäsemasse auf dem Biskuitboden verteilen. 3 Stunden lang oder über Nacht kalt stellen. Vor dem Schneiden mit gesiebtem Kakaopulver bestäuben.

Frischkäsefüllung Das Gelatinepulver mit dem Wasser verrühren und im warmen Wasserbad so lange rühren, bis sich die Gelatine aufgelöst hat. 5 Minuten lang abkühlen lassen. Den Frischkäse und den gesiebten Puderzucker in einer mittelgroßen Schüssel mit dem elektrischen Handrührgerät glatt rühren. Die Sahne und den Marsala unterschlagen. Den Mascarpone und die Gelatine ebenfalls unterrühren.

Zubereitungs- und Backzeit 35 Minuten (+ Kühlzeit)
Menge 15 Stück
Haltbarkeit In einem luftdichten Behälter im Kühlschrank 4 Tage lang

Früchte und Nüsse

Kokosschnitten mit Zitronensirup

155 g weiche gesalzene Butter
165 g extrafeiner Zucker
2 TL fein geriebene Zitronenschale
2 Eier
100 g Kokosraspel
150 g Mehl
1 ½ TL Backpulver
2 EL Zitronensaft

Zitronensirup

55 g extrafeiner Zucker
1 EL fein geriebene Zitronenschale
80 ml Zitronensaft
60 ml Wasser

1 Den Backofen auf 180 °C vorheizen. Ein kleines Blech (20 x 30 cm) ausfetten, den Boden und die Längsseiten mit Backpapier auskleiden, das Papier 5 cm über den Rand stehen lassen.
2 Die Butter, den Zucker und die Zitronenschale in einer kleinen Schüssel mit dem elektrischen Handrührgerät schaumig schlagen. Die Eier unterschlagen. In eine mittelgroße Schüssel umfüllen, die Kokosraspel, das gesiebte Mehl, das Backpulver und den Zitronensaft unterrühren. Die Masse in die Backform füllen und ca. 20 Minuten lang backen.
3 In der Zwischenzeit den Zitronensirup zubereiten (siehe rechts).
4 Den Sirup über den noch heißen Kuchen gießen. Vor dem Schneiden in der Form erkalten lassen.

Zitronensirup Alle Zutaten in einem kleinen Topf bei milder Hitze unter Rühren so lange erwärmen, bis sich der Zucker aufgelöst hat. Zum Kochen bringen. Die Hitze reduzieren und den Sirup offen ca. 10 Minuten lang köcheln lassen, bis er leicht eindickt.

Zubereitungs- und Backzeit 35 Minuten
Menge 25 Stück
Tipp Für dieses Rezept benötigen Sie 3 Zitronen.
Haltbarkeit In einem luftdichten Behälter 1 Woche lang

Himbeer-Walnuss-Schnitten

150 g weiche gesalzene Butter
110 g Puderzucker
260 g Mehl
½ TL gemahlener Zimt
60 g Walnüsse, gemahlen
300 g gefrorene Himbeeren

1 Den Backofen auf 180 °C vorheizen. Ein kleines Blech (20 x 30 cm) ausfetten, den Boden und die Längsseiten mit Backpapier auskleiden, das Papier 5 cm über den Rand stehen lassen.
2 Die Butter und den gesiebten Puderzucker in einer mittelgroßen Schüssel mit dem elektrischen Handrührgerät schaumig schlagen. Das gesiebte Mehl, den Zimt und die Nüsse hinzufügen und alles zu Streuseln verarbeiten.
3 Eine Tasse Streusel zurückbehalten, den Rest in die Backform füllen und festdrücken. Mit den Himbeeren belegen und mit den zurückbehaltenen Streuseln bestreuen. Ca. 40 Minuten lang backen. Vor dem Schneiden in der Form erkalten lassen.

Zubereitungs- und Backzeit 55 Minuten
Menge 20 Stück
Tipp Walnusshälften oder -stücke lassen sich im Mixer oder in der Küchenmaschine fein mahlen.
Haltbarkeit In einem luftdichten Behälter 3 Tage lang

Mandel-Kirsch-Quadrate

170 g weiche gesalzene Butter
165 g extrafeiner Zucker
3 Eier
120 g gemahlene Mandeln
50 g Mehl
300 g gefrorene Kirschen
20 g gehobelte Mandeln
2 TL Puderzucker

1 Den Backofen auf 180 °C vorheizen. Ein kleines Blech (20 x 30 cm) ausfetten, den Boden und die Längsseiten mit Backpapier auskleiden, das Papier 5 cm über den Rand stehen lassen.
2 Die Butter und den Zucker in einer mittelgroßen Schüssel mit dem elektrischen Handrührgerät schaumig schlagen. Die Eier unterschlagen. Die gemahlenen Mandeln und das gesiebte Mehl unterrühren. Die Masse in die Backform füllen, mit den Kirschen belegen und diese behutsam festdrücken. Mit den Mandelblättchen bestreuen und ca. 30 Minuten lang backen. In der Form abkühlen lassen.
3 Vor dem Schneiden mit gesiebtem Puderzucker bestäuben. Warm oder zimmerwarm servieren.

Zubereitungs- und Backzeit
40 Minuten
Menge 24 Stück
Haltbarkeit In einem luftdichten Behälter 4 Tage lang

Apfel-Zimt-Quadrate mit Vanillecreme

100 g weiche gesalzene Butter
55 g extrafeiner Zucker
1 Ei
100 g Mehl
1 TL Backpulver
2 EL Puddingpulver (Vanillegeschmack)
2 große Äpfel (400 g), geviertelt, entkernt und in dünne Scheiben geschnitten
20 g gesalzene Butter, zerlassen
2 TL extrafeiner Zucker zusätzlich
½ TL gemahlener Zimt

Vanillecreme

1 EL Puddingpulver (Vanillegeschmack)
2 EL extrafeiner Zucker
125 ml Milch
10 g gesalzene Butter
1 TL Vanilleextrakt

1 Die Vanillecreme zubereiten (siehe rechts).
2 Den Backofen auf 180 °C vorheizen. Ein kleines Blech (20 x 30 cm) ausfetten, den Boden und die Längsseiten mit Backpapier auskleiden, das Papier 5 cm über den Rand stehen lassen.
3 Die weiche Butter und den Zucker in einer kleinen Schüssel mit dem elektrischen Handrührgerät schaumig schlagen. Das Ei unterschlagen. Das gesiebte Mehl, das Back- und das Puddingpulver unterrühren.
4 Die Masse in die Backform füllen, die Vanillecreme darübergeben. Mit den Apfelscheiben belegen, diese mit der zerlassenen Butter bestreichen. Den zusätzlichen Zucker mit dem Zimt vermischen und über den Kuchen streuen.
5 Ca. 35 Minuten lang backen. Vor dem Schneiden in der Backform abkühlen lassen. Warm oder zimmerwarm servieren.

Vanillecreme Das Puddingpulver mit dem Zucker in einem kleinen Topf vermischen. Nach und nach die Milch unterrühren. Unter Rühren so lange erhitzen, bis die Mischung kocht und leicht eindickt. Von der Kochstelle nehmen, die Butter und den Vanilleextrakt unterrühren. Die Oberfläche der Creme mit Frischhaltefolie bedecken, damit sich keine Haut bildet. Unmittelbar vor Verwendung nochmals glatt rühren.

Zubereitungs- und Backzeit
50 Minuten
Menge 15 Stück
Tipp Wir haben für dieses Rezept ungeschälte rote Äpfel verwendet.
Haltbarkeit In einem luftdichten Behälter im Kühlschrank 3 Tage lang

Garibaldi-Schnitten

240 g Korinthen
80 g Sultaninen
75 g Rosinen
2 EL trockener Sherry
1 Ei, leicht verquirlt
2 EL extrafeiner Zucker
Mürbteig
300 g Mehl
75 g extrafeiner Zucker
185 g kalte gesalzene Butter in Stückchen
2 Eigelb
ca. 1 EL eiskaltes Wasser

1 Den Backofen auf 180 °C vorheizen. Eine rechteckige Backform (24 x 32 cm) ausfetten.
2 Den Mürbteig zubereiten (siehe rechts).
3 Die Früchte, 125 ml Wasser und den Sherry in einem kleinen Topf miteinander vermischen. Bei milder Hitze unter Rühren ca. 5 Minuten lang erwärmen, bis die Früchte weich sind und die Flüssigkeit aufgenommen haben. Im Mixer zu einem glatten Püree verarbeiten. Abkühlen lassen.
4 Eine Portion des Mürbteigs zwischen zwei Bögen Backpapier so dünn ausrollen, dass die Platte groß genug ist, um den Boden der Backform zu bedecken. Den Teig in die Backform legen und zurechtschneiden. Die Fruchtmasse auf dem Teig verteilen. Den restlichen Teig so dünn ausrollen, dass die Platte groß genug ist, um die Fruchtmasse zu bedecken. Den Teig auf die Fruchtmasse legen und zurechtschneiden. Festdrücken. Die oberste Teigschicht in 24 Rechtecke schneiden und jedes Rechteck mehrmals mit einer Gabel einstechen. Den Teig mit dem verquirlten Ei bestreichen und mit Zucker bestreuen.
5 Ca. 30 Minuten lang backen. Vor dem Schneiden in der Form abkühlen lassen.

Mürbteig Das Mehl und den Zucker in eine mittelgroße Schüssel sieben. Mit den Butterstückchen zu Krümeln verarbeiten. Die Eigelbe und so viel Wasser untermischen, dass ein fester Teig entsteht. Den Teig auf einer bemehlten Arbeitsfläche glatt kneten. Halbieren und zugedeckt 30 Minuten lang kalt stellen.

Zubereitungs- und Backzeit
50 Minuten (+ Kühlzeit)
Menge 24 Stück
Haltbarkeit In einem luftdichten Behälter 3 Tage lang

Zitronige Kokosquadrate

125 g gesalzene Butter, zerlassen
220 g extrafeiner Zucker
1 Ei
2 TL fein geriebene Zitronenschale
110 g Mehl
⅓ TL Backpulver
60 g Kokosraspel
10 gelbe Zuckerblüten
10 weiße Zuckerblüten

Zitronenglasur

320 g Puderzucker
ca. 2 EL Zitronensaft

1 Den Backofen auf 180 °C vorheizen. Ein kleines Blech (20 x 30 cm) ausfetten, den Boden und die Längsseiten mit Backpapier auskleiden, das Papier 5 cm über den Rand stehen lassen.

2 Die Butter, den Zucker, das Ei und die Zitronenschale in einer mittelgroßen Schüssel vermischen. Das gesiebte Mehl, das Backpulver und 40 g Kokosraspel unterrühren. Die Masse in die Backform füllen und ca. 30 Minuten lang backen. In der Form abkühlen lassen.

3 Die Zitronenglasur zubereiten (siehe rechts).

4 Den Kuchen zügig mit der Glasur bestreichen und mit den restlichen Kokosraspel bestreuen. Mit den Zuckerblüten dekorieren und diese fest in die Glasur drücken. Vor dem Schneiden die Glasur bei Zimmertemperatur fest werden lassen.

Zitronenglasur Den Puderzucker in eine mittelgroße hitzebeständige Schüssel sieben. So viel von dem Saft hinzufügen, dass eine dicke Paste entsteht. Die Glasur im warmen Wasserbad unter Rühren so lange erwärmen, bis sie streichfähig wird.

Zubereitungs- und Backzeit 45 Minuten (+ Ruhezeit)
Menge 20 Stück
Tipp Zuckerblüten in verschiedenen Formen, Farben und Größen sind in den meisten Supermärkten und in Fachgeschäften für Backbedarf erhältlich.
Haltbarkeit In einem luftdichten Behälter 4 Tage lang

Pflaumen-Mandel-Schnitten

825 g ganze Pflaumen aus der Dose in natürlichem Saft
2 Sternanisfrüchte
1 Zimtstange
1 EL extrafeiner Zucker
185 g weiche Butter
165 g extrafeiner Zucker zusätzlich
1 TL Vanilleextrakt
3 Eier
210 g gemahlene Mandeln
225 g Mehl
2 TL Backpulver

1 Die Pflaumen abgießen. Den Saft in einem kleinen Topf auffangen, die Pflaumen auf Küchenpapier abtropfen lassen. Den Sternanis, den Zimt und den Zucker zum Saft geben und zum Kochen bringen. Ohne Deckel so lange kochen lassen, bis der Sirup um die Hälfte reduziert ist. 20 Minuten lang abkühlen lassen. Die Pflaumen halbieren und entsteinen.

2 In der Zwischenzeit den Backofen auf 160 °C vorheizen. Eine rechteckige Backform (24 x 32 cm) ausfetten, den Boden und die Längsseiten mit Backpapier auskleiden, das Papier 5 cm über den Rand stehen lassen.

3 Die Butter, den zusätzlichen Zucker und den Vanilleextrakt in einer großen Schüssel mit dem elektrischen Handrührgerät schaumig schlagen. Die Eier einzeln unterschlagen. Die gemahlenen Mandeln, das gesiebte Mehl und das Backpulver unterrühren. Die Masse in die Backform füllen, die Pflaumen mit der Schnittfläche nach unten darauflegen.

4 Ca. 40 Minuten lang backen. 10 Minuten in der Backform stehen lassen, dann zum Abkühlen auf ein Kuchengitter setzen. Mit dem Sirup beträufelt servieren.

Zubereitungs- und Backzeit 55 Minuten (+ Abkühlzeit)
Menge 48 Stück
Haltbarkeit Die Schnitten schmecken am besten am Tag ihrer Zubereitung.

Lebkuchenschnitten mit karamellisierten Birnen

6 kleine Birnen (1,1 kg)
60 g Butter in Stückchen
55 g hellbrauner Zucker
175 g Golden Syrup oder Zuckerrübensirup
75 g hellbrauner Zucker zusätzlich
125 g Butter in Stückchen zusätzlich
260 g Mehl
½ TL Natron
1 EL gemahlener Ingwer
½ TL geriebene Muskatnuss
½ TL gemahlener Zimt

1 Die Birnen schälen, vierteln und entkernen. Die Viertel längs halbieren. Die Butter in einer großen Bratpfanne schmelzen lassen. Den Zucker und die Birnen hinzufügen, die Birnen wenden. Bei mittlerer Hitze unter gelegentlichem Wenden 8 Minuten lang kochen lassen, bis die Birnen karamellisiert sind. Abkühlen lassen.
2 In der Zwischenzeit den Backofen auf 140 °C vorheizen. Eine rechteckige Backform (24 x 32 cm) ausfetten, den Boden und die Längsseiten mit Backpapier auskleiden, das Papier 5 cm über den Rand stehen lassen.
3 Den Sirup, 125 ml Wasser, den zusätzlichen Zucker und die zusätzliche Butter in einen mittelgroßen Topf geben und bei milder Hitze unter Rühren so lange erwärmen, bis eine glatte Masse entstanden ist. Einmal aufkochen lassen, dann von der Kochstelle nehmen und abkühlen lassen. Die gesiebten trockenen Zutaten unterrühren. Die Masse in die Backform füllen. Die Birnen abgießen und behutsam in die Masse drücken.
4 Ca. 30 Minuten lang backen. 15 Minuten lang in der Backform stehen lassen, dann zum Abkühlen mit den Birnen nach oben auf ein Kuchengitter setzen. In Stücke schneiden.

Zubereitungs- und Backzeit
1 Stunde (+ Ruhe- und Abkühlzeit)
Menge 16 Stück
Tipp Wir finden, dass sich für dieses Rezept die braunschalige Beurre-Bosc-Birne am besten eignet. Servieren Sie die Schnitten kalt oder warm als Dessert. Mit ein wenig Crème fraîche oder geschlagener Sahne schmecken sie köstlich.
Haltbarkeit In einem luftdichten Behälter im Kühlschrank 3 Tage lang

Erdbeer-Mandel-Schnitten

6 Eiweiß
155 g zerlassene Butter
2 EL Milch
1 TL Vanilleextrakt
180 g gemahlene Mandeln
240 g Puderzucker
75 g Mehl
¾ TL Backpulver
250 g Erdbeeren, in dünne Scheiben geschnitten
25 g gehobelte Mandeln
2 TL Puderzucker zusätzlich

1 Den Backofen auf 180 °C vorheizen. Ein kleines Blech (20 x 30 cm) ausfetten, den Boden und die Längsseiten mit Backpapier auskleiden, das Papier 5 cm über den Rand stehen lassen.

2 Die Eiweiße in eine mittelgroße Schüssel geben und mit einer Gabel kurz verquirlen. Die Butter, die Milch, den Vanilleextrakt, die gemahlenen Mandeln, den gesiebten Puderzucker, das gesiebte Mehl und das Backpulver hinzufügen. So lange rühren, bis alle Zutaten miteinander vermischt sind. Die Masse in die Backform füllen und mit den Erdbeerscheiben belegen.

3 Den Kuchen 15 Minuten lang backen. Aus dem Ofen nehmen und mit den Mandelblättchen bestreuen. Weitere 25 Minuten lang backen. Zunächst 10 Minuten lang in der Backform stehen lassen, dann zum Abkühlen auf ein Kuchengitter setzen. Vor dem Schneiden mit gesiebtem Puderzucker bestäuben.

Zubereitungs- und Backzeit 50 Minuten
Menge 16 Stück
Haltbarkeit In einem luftdichten Behälter 3 Tage lang

Mandelschnitten mit Ingwer und Marmelade

90 g weiche Butter
110 g extrafeiner Zucker
1 Ei
150 g Mehl
½ TL Backpulver
60 g fein gehackter kandierter Ingwer
340 g Orangenmarmelade
1 Ei zusätzlich, leicht verquirlt
120 g gehobelte Mandeln
60 g gemahlene Mandeln
1 EL Puderzucker

1 Den Backofen auf 160 °C vorheizen. Ein kleines Blech (20 x 30 cm) ausfetten, den Boden und die Längsseiten mit Backpapier auskleiden, das Papier 5 cm über den Rand stehen lassen.

2 Die Butter, den Zucker und das Ei in einer kleinen Schüssel mit dem elektrischen Handrührgerät schaumig schlagen. Das gesiebte Mehl und das Backpulver unterrühren. Den Teig in die Backform füllen. Den Ingwer mit der Marmelade in einer kleinen Schüssel vermischen und auf den Teig streichen.

3 Das zusätzliche Ei, 80 g Mandelblättchen und die gemahlenen Mandeln in einer mittelgroßen Schüssel vermischen. Die Mandelmasse über der Marmeladenschicht verteilen und mit den restlichen Mandelblättchen bestreuen.

4 Ca. 40 Minuten lang backen. In der Form abkühlen lassen. Vor dem Schneiden mit gesiebtem Puderzucker bestäuben.

Zubereitungs- und Backzeit 1 Stunde
Menge 24 Stück
Haltbarkeit In einem luftdichten Behälter 1 Woche lang

Trockenfrüchte-Gewürz-Schnitten

300 g Mehl
110 g Puderzucker
250 g kalte gesalzene Butter in Stückchen
2 TL Lebkuchengewürz
1 EL extrafeiner Zucker

Fruchtfüllung

140 g entsteinte getrocknete Datteln, grob gehackt
190 g getrocknete Feigen, grob gehackt
80 g Korinthen

1 Den Backofen auf 180 °C vorheizen. Ein kleines Blech (20 x 30 cm) ausfetten, den Boden und die Längsseiten mit Backpapier auskleiden, das Papier 5 cm über den Rand stehen lassen.

2 Das gesiebte Mehl, den gesiebten Puderzucker, die Butter und das Gewürz in der Küchenmaschine zu einem Teig verarbeiten. Die Hälfte des Teiges in die Backform drücken, den restlichen Teig zugedeckt in den Kühlschrank stellen. 15 Minuten lang backen, abkühlen lassen.

3 In der Zwischenzeit die Füllung zubereiten (siehe rechts).

4 Mit nassen Händen die Füllung auf dem Kuchenboden verteilen. Den restlichen Teig zwischen zwei Bögen Backpapier so groß ausrollen, dass er die Füllung bedeckt. Zurechtschneiden. Den Teig mit ein wenig Wasser bestreichen und mit Zucker bestreuen.

5 Ca. 35 Minuten lang backen. Vor dem Schneiden in der Form abkühlen lassen.

Fruchtfüllung Die Früchte im Mixer oder in der Küchenmaschine fein hacken.

Zubereitungs- und Backzeit
1 Stunde 20 Minuten (+ Kühlzeit)
Menge 16 Stück
Tipp Verwenden Sie eine Palette, um den Teig gleichmäßig auf dem Boden der Backform festzudrücken.
Haltbarkeit In einem luftdichten Behälter 1 Woche lang

Polentaquadrate mit Schokolade und Orange

180 g dunkle Schokolade, geschmolzen
120 g saure Sahne
110 g extrafeiner Zucker
90 g weiche Butter
150 g Mehl
1 ½ TL Backpulver
85 g Polenta
40 g gemahlene Mandeln
2 TL fein geriebene Zitronenschale

Orangenglasur

80 g Puderzucker
½ TL fein geriebene Orangenschale
1 EL Orangensaft

1 Den Backofen auf 180 °C vorheizen. Ein kleines Blech (20 x 30 cm) ausfetten, den Boden und die Längsseiten mit Backpapier und Alufolie auskleiden, das Papier 5 cm über den Rand stehen lassen.
2 Die geschmolzene Schokolade gleichmäßig in der Form verteilen. Ca. 10 Minuten lang kalt stellen, bis die Schokolade fest ist.
3 In der Zwischenzeit die saure Sahne, den Zucker und die Butter in einer kleinen Schüssel mit dem elektrischen Handrührgerät so lange schlagen, bis eine glatte und cremige Masse entstanden ist. Das gesiebte Mehl, das Backpulver und die restlichen Zutaten hinzufügen. Auf mittlerer Stufe ca. 3 Minuten lang schlagen, bis die Masse eine hellere Farbe bekommen hat. Über die Schokolade streichen.
4 Ca. 25 Minuten lang backen. 10 Minuten lang in der Form abkühlen lassen, anschließend ca. 30 Minuten lang kalt stellen, bis die Schokolade fest wird.
5 Die Orangenglasur zubereiten (siehe unten).
6 Den Kuchen auf ein Brett stürzen und vorsichtig die Folie und das Backpapier entfernen. Den Kuchen umdrehen und mit der Orangenglasur bestreichen. Vor dem Schneiden im Kühlschrank fest werden lassen.

Orangenglasur Alle Zutaten in einer kleinen Schüssel miteinander vermischen.

Zubereitungs- und Backzeit
45 Minuten (+ Kühlzeit)
Menge 20 Stück
Haltbarkeit In einem luftdichten Behälter im Kühlschrank 3 Tage lang

Kolibriquadrate mit Frischkäseglasur

1 Scheibe gebrauchsfertiger Mürbteig (siehe z.B. S. 105)
110 g Mehl
1 TL Backpulver
½ TL Lebkuchengewürz
½ TL gemahlener Zimt
¼ TL Natron
110 g hellbrauner Zucker
40 g Kokosraspel
50 g Walnüsse, fein gehackt
½ Tasse überreife Banane, zerdrückt
130 g abgetropfte Ananasstücke, fein zerkleinert
80 ml Pflanzenöl
1 Ei, leicht verquirlt

Frischkäseglasur

250 g zimmerwarmer Frischkäse
80 g Puderzucker
2 TL fein geriebene Zitronenschale

1 Den Backofen auf 220 °C vorheizen. Ein kleines Blech (20 x 30 cm) ausfetten, den Boden und die Längsseiten mit Backpapier und Alufolie auskleiden, das Papier 5 cm über den Rand stehen lassen.
2 Den fertigen Mürbteig zurechtschneiden, in die Backform legen und mehrmals mit einer Gabel einstechen. 10 Minuten lang backen. Abkühlen lassen. Die Backofentemperatur auf 180 °C reduzieren.
3 Das Mehl, das Backpulver, die Gewürze und das Natron in eine große Schüssel sieben. Die restlichen Zutaten unterrühren. Die Masse in die Backform füllen, die Oberfläche glatt streichen. Ca. 25 Minuten lang backen. In der Form abkühlen lassen.
4 In der Zwischenzeit die Frischkäseglasur zubereiten (siehe rechts). Den Kuchen vor dem Schneiden mit der Glasur bestreichen.

Frischkäseglasur Alle Zutaten in einer kleinen Schüssel mit dem elektrischen Handrührgerät zu einer glatten Masse verarbeiten.

Zubereitungs- und Backzeit
1 Stunde
Menge 20 Stück
Haltbarkeit In einem luftdichten Behälter im Kühlschrank 4 Tage lang

Pistazien-Mandel-Schnitten

160 g blanchierte Mandeln, geröstet
140 g ungesalzene geschälte Pistazien, geröstet
240 g Puderzucker
1 Ei
2 Eiweiß
grüne Speisefarbe
110 g gehobelte Mandeln

1 Den Backofen auf 170 °C vorheizen. Ein kleines Blech (20 x 30 cm) ausfetten, den Boden und die Längsseiten mit Backpapier auskleiden, das Papier 5 cm über den Rand stehen lassen.
2 Die Mandeln und die Pistazien in der Küchenmaschine fein mahlen. In einer mittelgroßen Schüssel mit dem gesiebten Puderzucker vermischen. Das Ei und die Eiweiße unterrühren, die Masse mit der Speisefarbe grün färben.
3 Die Hälfte der Mandelblättchen auf den Boden der Backform streuen. Die Masse löffelweise in die Backform geben und vorsichtig mit einer Palette über die Mandelblättchen streichen. Die restlichen Mandelblättchen über die Masse streuen und festdrücken.
4 Ca. 30 Minuten lang backen. Vor dem Schneiden in der Form abkühlen lassen.

Zubereitungs- und Backzeit 45 Minuten
Menge 30 Stück
Haltbarkeit In einem luftdichten Behälter 1 Woche lang

Glossar

Beurre-Bosc-Birne Diese feste und knackige Birne ist die beste Wahl zum Backen, weil sie ihre Form gut behält. In Obst- und Gemüseläden und in Supermärkten erhältlich.

Butterscotch Ist eine dem Toffee ähnliche Süßigkeit, die überwiegend aus braunem Zucker und Butter besteht.

Choco Krispies Frühstücksflocken aus gepufftem Reis mit Schokoladengeschmack.

Cornflakes Industriell hergestellte Frühstücksflocken aus getrockneten und gebackenen knusprigen Maisflocken.

Cranberry Eine Beere, die getrocknet und tiefgefroren erhältlich ist. Sie besitzt einen intensiven, adstringierenden Geschmack und kann sowohl für süße als auch für herzhafte Gerichte verwendet werden. Die getrocknete Version kann normalerweise durch andere Trockenfrüchte ersetzt werden bzw. kann diese ersetzen.

Eier Wenn in den Rezepten in diesem Buch nicht anderes angegeben, haben wir große Hühnereier mit einem durchschnittlichen Gewicht von 60 g verwendet. Wenn für ein Gericht rohe oder nicht vollständig durchgegarte Eier verwendet werden, dann lassen Sie Vorsicht walten, wenn es in Ihrer Gegend ein Salmonellenproblem gibt, besonders bei Speisen, die von Kindern und Schwangeren verzehrt werden.

Essenz/Extrakt Eine Essenz ist entweder ein destilliertes Konzentrat einer Eigenschaft eines Lebensmittels oder die künstliche Erzeugung derselben. Ein Extrakt wird hergestellt, indem man den Geschmack aus einem Lebensmittel extrahiert. Essenzen und Extrakte sind unbegrenzt haltbar, wenn man sie an einem kühlen dunklen Ort aufbewahrt.

Frischkäse Ein weicher Kuhmilchkäse mit einem Fettgehalt von 14 bis 33 Prozent.

Gelatine Wir haben in diesem Buch getrocknete (pulverisierte) Gelatine verwendet, es gibt sie aber auch in Blattform (Blattgelatine). Ein Verdickungsmittel, das entweder aus Collagen hergestellt wird, einem Eiweiß, das sich im Bindegewebe und in Knochen von Tieren befindet, oder aus einer bestimmten Algenart (Agar-Agar). 3 TL Gelatinepulver (8 g oder ein Beutel) entsprechen ungefähr vier Blättern Gelatine. Die beiden Arten können gegeneinander ausgetauscht werden, aber mit Blattgelatine erhält man eine klarere Mischung als mit dem Pulver. Sie ist also perfekt für Gerichte, bei denen das Aussehen eine Rolle spielt.

Glukosesirup Auch als flüssige Glukose bekannt, wird aus Weizenstärke hergestellt. Er wird für die Herstellung von Konfitüren und Süßwaren verwendet und ist in Reformhäusern und manchen Supermärkten erhältlich.

Golden Syrup Ein Nebenprodukt bei der Raffination von Rohrzucker. Als Ersatz können reiner Ahornsirup, Honig oder heller Zuckerrübensirup dienen. Dunkler Zuckerrübensirup ist zähflüssiger und besitzt einen stärkeren Geschmack und intensiveres Aroma als heller Zuckerrübensirup (der noch weiter raffiniert wurde und weniger Verunreinigungen erhält und dadurch heller und flüssiger ist).

Haferflocken Zu Flocken gewalzte Haferkörner, traditioneller Bestandteil von Müsli. Es gibt auch Instantflocken zu kaufen, aber wir bevorzugen zum Backen die traditionellen Haferflocken.

Kandierte Kirschen In Zuckersirup gekochte und anschließend getrocknete Kirschen.

Kardamom Ein aus Indien stammendes Gewürz, das in der dortigen Küche häufig verwendet wird. Es ist als Kapsel, Samen oder Pulver erhältlich. Es besitzt ein charakteristisches Aroma und einen intensiven süßlichen Geschmack.

Korinthen Winzige, fast schwarze Rosinen. Benannt nach einer Traubensorte, die ursprünglich aus Korinth in Griechenland stammt.

Maissirup, heller Ein importiertes Produkt, das in manchen Supermärkten, Feinkostgeschäften und Reformhäusern erhältlich ist. Er besteht aus Maisstärke und ist in Amerika eine beliebte Zutat für Glasuren, Konfitüren und Gelees.

Mandeln Flache, spitz zulaufende Nüsse mit einer braunen glatten Schale, hinter der sich ein cremeweißer Kern verbirgt, der von einer braunen Haut überzogen ist.

blanchiert die braune Haut entfernt

gehobelt in papierdünne Scheiben geschnitten

gemahlen beliebte Backzutat

gestiftelt der Länge nach in kleine Stücke geschnitten

Marsala Ein italienischer Süßwein, der in der Region um die Stadt Marsala auf Sizilien produziert wird.

Mascarpone Ein italienischer Frischkäse, der in etwa genauso hergestellt wird wie Joghurt. Er besitzt eine weißliche bis gelbliche Farbe und eine buttrig-gehaltvolle, köstliche Konsistenz. Er ist weich, cremig und streichfähig.

Mehl

Kartoffelmehl Wird aus gekochten Kartoffeln hergestellt, die getrocknet und zu einem feinen Mehl vermahlen werden.

Reismehl Ein sehr feines Mehl, das aus gemahlenem Reis hergestellt wird.

Weizenmehl Für Kuchen und Kleingebäck wird im Allgemeinen ungebleichtes Weizenmehl der Type 405 verwendet. Der Glutengehalt sorgt für einen stabilen Teig und ein leichtes Ergebnis. Für gewöhnlich nimmt man auf 100 g Mehl 1 gestrichenen TL Backpulver. Vor Verwendung sollte beides zusammen gesiebt werden.

Milch Wenn nicht anders angegeben, haben wir vollfette homogenisierte Milch verwendet.

Kondensmilch, gezuckerte Ein konserviertes Milchprodukt, das aus Milch besteht, der mehr als die Hälfte ihres Wassergehaltes entzogen und der Zucker hinzugefügt wurde.

Mincemeat Eine Mischung aus Trockenfrüchten wie Rosinen, Sultaninen, Orangeat, Zitronat, Nüssen, Gewürzen, Äpfeln, Weinbrand oder Rum. Wird als Füllung für Kuchen, Puddings und Pasteten verwendet. In gut sortierten Supermärkten oder Feinkostläden erhältlich.

Natriumhydrogencarbonat (Backnatron) Eine saure und alkalische Verbindung, die, wenn sie feucht und erwärmt wird, Kohlendioxid freisetzt. Dieses sorgt dafür, dass der Teig während des Backprozesses leicht und luftig wird.

Nugat Ein in Südeuropa beliebtes Konfekt. Besteht aus Zucker oder Honig, gerösteten Nüssen, manchmal kandierten Früchten und geschlagenem Eiweiß (weiches Nugat) oder karamellisiertem Zucker (hartes Nugat).

Polenta Auch als Maisgrieß bekannt. Eine mehlartige Zerealie, die aus getrocknetem Mais hergestellt wird. Auch das daraus zubereitete Gericht heißt so.

Popcorn Eine bestimmte Sorte Mais, die als Körner verkauft wird, die man puffen lassen kann. Man kann es aber auch schon fertig gepufft kaufen.

Puddingpulver Instantpulver zur Zubereitung von Pudding.

Rice Krispies Frühstücksflocken aus gepufftem, geröstetem Reis.

Rosinen Getrocknete süße Trauben (traditionell der Sorte Muskateller).

Sahne Wenn nicht anders angegeben, haben wir frische süße Sahne verwendet. Sie enthält keine Zusätze und besitzt einen Fettgehalt von mindestens 30 %.

Crème Double Eine feste Sahne mit einem Fettgehalt von mindestens 45 %.

Sahne extra, Konditorsahne Besitzt einen höheren Fettgehalt als normale Schlagsahne, bis zu 40 %.

Shortbread Ein schottisches süßes Gebäck aus Mürbteig.

Stärkemehl Auch Speisestärke genannt. Ist als Mais- oder Weizenstärke erhältlich (Weizenstärke verleiht Kuchen eine leichtere Beschaffenheit). Wird als Verdickungsmittel beim Kochen verwendet.

Sternanis Eine getrocknete Frucht in Sternform mit Samen, die einen adstringierenden Anisgeschmack besitzen. Wird für gewöhnlich zum Aromatisieren von Brühen und Marinaden verwendet.

Sultaninen Getrocknete süße Trauben der Sorte Sultana.

Zimtzucker Eine Kombination aus gemahlenem Zimt und feinem Kristallzucker.

Zucker Wenn nicht anders angegeben, verwenden wir grobkörnigen Tafelzucker, auch Kristallzucker genannt.

Brauner Zucker Ein weicher, feinkörniger Zucker, dessen Melasseanteil für die charakteristische Farbe und den charakteristischen Geschmack sorgt.

Extrafeiner Zucker Besonders feinkörniger Tafelzucker

Puderzucker Auch Staubzucker genannt. Gemahlener Kristallzucker

Rohzucker Natürlicher brauner Kristallzucker

Register

Allgemeine Hinweise

- Alle Maßangaben in Löffeln beziehen sich auf gestrichene Tee- oder Esslöffel.
- Die genaueste Art und Weise, trockene Zutaten abzumessen, ist, sie zu wiegen.
- Verwenden Sie zum Abmessen von Flüssigkeiten einen durchsichtigen Becher aus Glas oder Plastik mit Skala.
- Wir haben große Eier verwendet mit einem Durchschnittsgewicht von 60 g.
- Die angegebenen Backofentemperaturen gelten für Heißluftbacköfen. Wenn Sie einen herkömmlichen Backofen (d. h. mit Ober- und Unterhitze) verwenden, sollten Sie die Temperaturen um 10–20 °C erhöhen.
- Viele Rezepte verwenden gesalzene Butter. Sie können stattdessen auch ungesalzene Butter verwenden und – falls gewünscht – eine Prise Salz hinzufügen.
- Für die meisten Rezepte in diesem Buch wird ein kleines Blech (20 x 30 cm) verwendet. Sie können die Mengenangaben natürlich auch passend für Ihre Backform umrechnen. Verwenden Sie am besten Backformen/Bleche mit hohem Rand.